U0931815

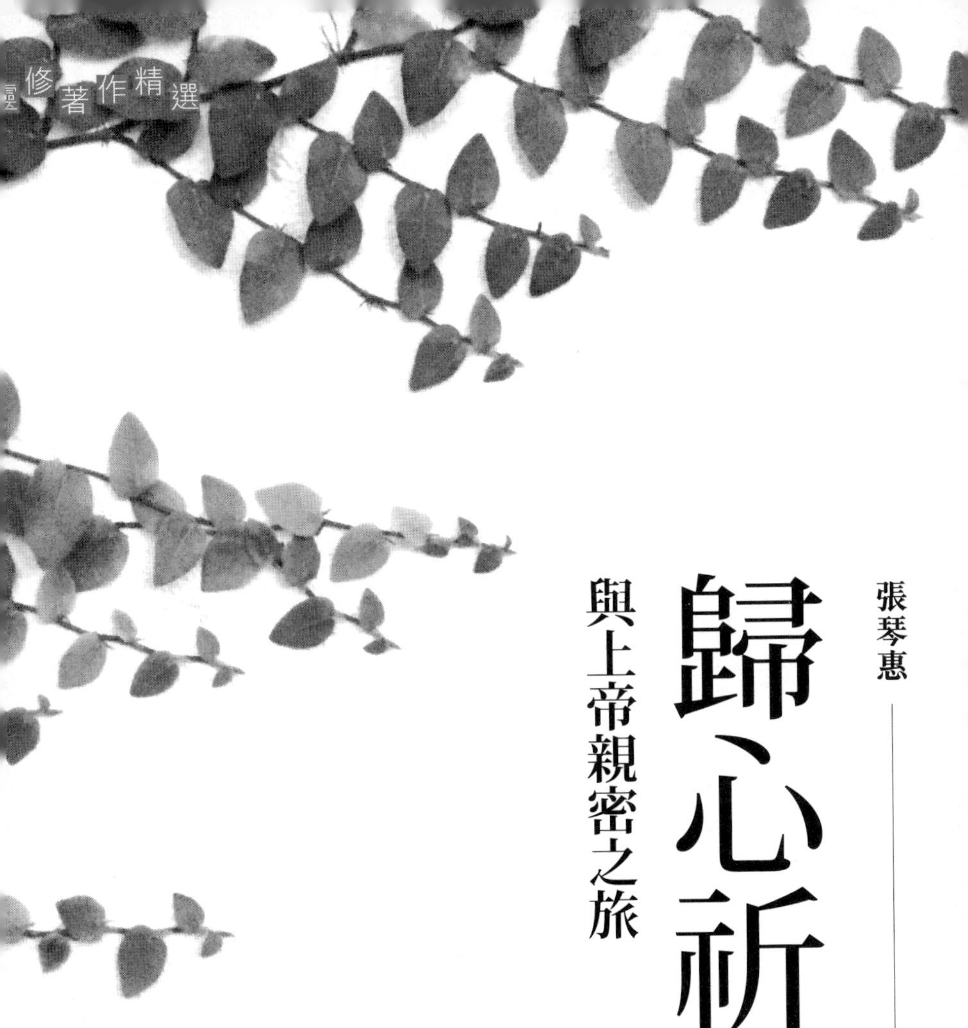

靈修著作精選

歸心祈禱

與上帝親密之旅

張琴惠 著

▼

靈修著作精選

歸心祈禱

與上帝親密之旅

Centering Prayer

Journey Toward Intimacy with God

作者
張琴惠

責任編輯
羅慧琪

裝幀設計
奇文雲海・設計顧問

■

出版 / 發行
基道出版社
香港沙田火炭坳背灣街 26 號富騰工業中心 10 樓 1011 室
LOGOS PUBLISHERS
Unit 1011, 10/F, Fo Tan Ind. Centre, 26 Au Pui Wan St., Shatin, Hong Kong
電話：(852) 2687-0331　傳真：(852) 2687-0281
網址：https://www.logos.com.hk

承印
陽光印刷製本廠

●

10/2019 初版
Cat. No. LP674
ISBN: 978-962-457-596-5

刷次	12	11	10	9	8	7	6	5	4	
年份	2034	2033	2032	2031	2030	2029	2028	2027	2026	2025

推薦序一

踏上與上帝聯合的旅程

大約在二〇一二年，我在偶然的機遇下結識了張琴惠老師。當時我正思索禱告、尋找一位能更深入幫助弟兄姊妹靈修操練的靈修導師，不經意地看到張老師在《中台神學院院訊》的「歸心祈禱」專文。細讀該文時，發覺張老師的修習經驗與我的心契合，我們的內在之路是相通的，而且她的文字信息會使人渴慕尋求主，於是我與張老師開始了斷斷續續的屬靈來往交通。我也邀請張老師前來我牧養的教會講道，並帶領「與主親密之旅」靈修會，指導弟兄姊妹學習歸心祈禱，進入內室生活，享受與主合一的福分。參加過她指導的靜默營的弟兄姊妹和我，都覺得她的靈修指導使我們更深地渴慕親近主。

張老師是一位行走天路的客旅，她不僅吸收學習歸心祈禱相關的知識，更力行實踐主的話語，與主同行。她的生命散發出一股寧靜、祥和與謙虛的氣質，而且她敏銳於聖靈的帶領，深得弟兄姊妹的敬愛。我們可以從本書〈導言〉，看到主如何帶領張老師學習歸心祈禱，進入內在的安息，從此開始了她與主親密同行的旅程。她不僅自己操練探索，她也開始影響她的學生，與主建立更親密的關係。

幔內生活、親近主、默觀、等候主、與主交通、住在主裏面、與主連結，以及本書介紹的歸心祈禱，都屬於「內在生活」靈修操練的領域。這些不同的講法都指向同一個方向，就是關注我們與主之間的親密生活，講述我們靈裏與三一上帝之間的契合，在靜默中體察主的同在，一種比言語還要深層的禱告，超越我們的理性分析，是一種不能言說的團契。這種與主團契的親密生活是基督徒的命脈，是我們屬靈能力的根源。可惜的是，我們對這個領域的認識與學習太少。在大部分的神學院裏，它是一門冷門的學科，可是它卻是一位事奉主之人應該學會的屬靈基本功。

「靈修」(spirituality)其實不是基督教的專有名詞，其他的宗教也談靈修，甚至包括無神論者。它關注一個人的宗教修行，涉及嚴肅的安靜默想，藉由修行使自己經歷心靈淨化與自我生命統合，使自己的生活更有力量。我們可以看到佛教徒的打坐和禪定、道教的吐納、儒家的靜坐、瑜伽或超覺靜坐等靈修的實踐方式。儒家、道教、佛教的靈修主要靠自力修行，意圖降伏心中波動的念頭，降低各種無明妄想與分別心，提升自我，改善人際關係。有些甚至會與外力連結，搞神通，被邪靈附身，久而久之可能因精神耗弱，甚至出現幻聽、幻語的行為。

基督徒的靈修（Christian spirituality，含東正教、天主教、更正教）與其他宗教的靈修有所不同，基督徒的靈修是以耶穌基督為中心，由聖靈引導我們歸向上帝的靈修。基督徒的靈修不是自力修持，乃是仰賴聖靈在我們身上進行轉化、煉淨的工作。所以，基督徒的靈修神學是以三一上帝作為基礎和起點。

歸心祈禱的神學基礎就是內住我們心中的三一上帝。透過歸心祈禱，我們與主親近。因著上帝的恩典，以及聖靈大能的運行，我們的生命被主轉化，脫去舊人，穿上新人，成為主的門徒，學習祂的樣式，以基督耶穌的心為心。

歸心祈禱強調靜默、與主獨處的操練，作者在第八章〈培育內在的靜默〉中特別指出靜默的必要。「靜默」就是放下一切，讓上帝作主。「與主獨處」與「孤寂」的不同，在於「與主獨處」是有目的地單單選擇與主在一起，在「獨處」中與主相會，有上帝的同在。獨處會使生命中的混亂從內心深處浮現，讓人面對真實的自我，對事情更具透視的眼光與新的看見。獨處不只需要時間，它更是一種態度，一種從世界中分別出來，在繁忙中回歸上帝的態度，是除去世俗塵埃、滋潤生命、幫助成長的操練。

不過，許多歸心祈禱的初學者在靜默、與主獨處時，都會被浮現的雜念所苦。作者特別在第四、五章中，十分細膩地敍述各種困擾我們的思想，教導我們如何分辨，並使用「禱語」來處理這些穿梭於腦海裏的思想，相信這些都是初學者最想知道的訣竅。

除了指出分別特定時間的靜默操練之外，本書在第三、四、五章詳細說明歸心祈禱的方法與規則，在第十二章又介紹在日常生活中操練的「活動中的禱告」，囊括了靜態與動態的禱告學習，在在要使我們生活在與上帝親密、「不住祈禱」的真諦裏！

最後，筆者要說的是，你可以不完全同意作者在本書所言的，但歸心祈禱確實是一份寶貴的屬靈產業。許多持續操練的弟兄姊妹都發現，它為他們的生命帶來莫大的更新與轉化，本書也列舉不少操練得益的例子。我在多年牧養教會與神學院教課的生活中，深深體驗到歸心祈禱使我更加享受主裏的安息，更樂意向主降服，在無法言說的團契中經歷與主合一的甘甜。願主使用這本書，吸引上帝的兒女更愛主，踏上與上帝聯合的旅程。

鍾平貴

台南基督成功教會主任牧師

中台、聖光神學院舊約兼任教師

推薦序二

—

竭力進入安息

聖經充滿奧妙，有些概念用邏輯去想，似乎是矛盾的，但卻是整全的。例如：十字架原本是羞辱的，在基督徒來說卻是榮耀的；保羅說他喜歡誇自己的軟弱，以致於基督的剛強在他身上；以賽亞在國家遇到外敵入侵時說，得力在於平靜安穩，不是去騎飛快的馬匹；希伯來書更是直接說，你們要竭力進入安息。竭力是要我們努力，安息卻是不努力，那到底是努力還是不努力呢？

《歸心祈禱——與上帝親密之旅》這本屬靈操練的書提供全備的答案。作者張琴惠教授用她將近三十年的屬靈操練經驗，教導我們如何努力，也教導我們如何放下努力，真正進入與上帝同在的安息之所。

二〇一三年，琴惠老師每週一從台中上台北到靈糧神學院教授屬靈操練。當時我也在神學院教課，心想這門課程機會難得，於是我也成為她台下的學生，每週一都打開我屬靈的胃口上課。在同一年，我也開始找時間自己學習操練。她在本書中所呈現給各位讀者的，是華人基督徒中有關歸心祈禱很難能可貴的整理與分享，包括歸心祈禱的步驟、過程中會遇到的問題、我們的思緒與潛意識等等。在實務方面，有過去上課學生提出的問題和解答，也有許多弟兄姊妹的見證分享。

歸心祈禱是讓上帝來到我們的生命中工作。如同本書所說的，它不只是單純的靈修生活，也是通往心理成長與上帝醫治我們心靈的過程。在歸心祈禱中，我們的潛意識被喚醒。通常提到潛意識，大部分人都會聯想到佛洛伊德（Sigmund Freud）的學說；不過，近代科學研究傾向認為，潛意識是我們意識層面中所忽略的訊息，或是因為講求快速效率而沒有覺察的工作過程。例如在一個研究中，請受試者每三十三毫秒看一張令人害怕的臉孔，因為速度太快，所以受試者都會說，沒有看到圖片。而在功能性核磁共振（fMRI）儀器的監控下，卻發現受試者大腦中杏仁核（即我們對負向情緒反應的生理指標）的活動增加。[1] 因此，就算我們認為沒有事發生，但是我們的身體已經有反應。這個研究告訴我們，因著要有效率且快速的生活，我們只處理意識層面的訊息，而那些帶有情緒或是威脅的訊息，即使影響了我們的生理層面，卻往往被我們忽略。

本書用「潛意識的傾倒」說明歸心祈禱過程中，我們藉著種種思想的浮現，將儲存在體內的情緒與神經方面的緊張釋放出來。有時這些思想、情緒是來自儲存了一輩子的陳年往事，或累積幾十年的舊傷，往往是我們不知不覺的。透過歸心祈禱，上帝的恩典會親自醫治我們。

本書是一本很深刻動人的屬靈書籍，當我開始閱讀第一章，就忍不住持續地往下看，而且有很大的動力要持續進行歸心祈禱。親愛的讀者，讓我們一起進入與主的同在中，竭力進入主的安息之所。

「主就是那靈；主的靈在哪裏，那裏就得以自由。我們眾人既然敞著臉得以看見主的榮光，好像從鏡子裏返照，就變成主的形狀，榮上加榮，如同從主的靈變成的。」（林後三 17 ～ 18）

葉在庭

輔仁大學臨床心理學系教授

作者序

二〇〇一年我受邀回到母校中台神學院任教，開始在靈修神學課程中教導兼顧靈性與心理成長的祈禱法——歸心祈禱，此後我也常在教會、靈修營教導歸心祈禱及其相關的默觀靈修操練。十八年來，時而有一些學生和弟兄姊妹向我表示，他們很珍惜我發給他們的講義，因有這些講義的引導，他們得以在家中繼續操練。有些學生也會問我：「老師，你甚麼時候要出書呢？」幾年前有一位在中國大陸服事的神父，透過網路與我聯絡。他曾受教於歸心祈禱的創始人多默・基廷（Thomas Keating），他希望他的會友也能學習歸心祈禱，所以希望我能將教學用的講義寄給他。之後他又來信詢問，我何時會將這些講義整理成書出版，以饗更多的讀者。

在這些年間，也不時有學生和弟兄姊妹跟我分享歸心祈禱如何使他們享受與天父上帝在愛中的共融，而這樣的經歷又如何轉化、醫治了他們，使他們能更自由地愛主愛人，在忙碌的服事中做工得息，而且更能擁抱他們從上帝所領受的人生。聽著學生和弟兄姊妹對我出書的渴望，以及他們操練歸心祈禱生命得轉化的故事，內心開始有一個隨著年日不斷加深的感動：我應該著手寫書，為所有渴望與天父上帝建立更親密關係的基督徒指出一條簡單可行之路，就是歸心祈禱。

學習歸心祈禱最重要的是規律的操練。祈禱者必須委身於每天規律的操練：一天二次，每次二十分鐘。因此，在神學院、教會、靈修營，我所教的內容大多以歸心祈禱的方法和規則為主，也就是本書第二部「方法」的內容。關於歸心祈禱的歷史淵源、操練的過程與經歷，則因時間有限，未能有機會深入地教導。在本書的第一部「歷史」和第三部「經歷」，我補足了這些在教學時未能兼顧的部分。第四部「延伸」，指的是歸心祈禱的延伸操練——活動中的禱告。這個操練將我們在歸心祈禱的靜默中孕育的上帝同在的意識，延伸到忙碌的活動中，使我們在活動中仍然心繫於主。本書一開始的〈導言〉則是我回應基督「到我這裏來」的邀請，學習歸心祈禱的心路歷程。

本書是在祈禱的氛圍中與聖靈的引導下完成的。建議讀者可以先讀完全書，掌握本書的中心思想後，再以祈禱的心從頭開始一章一章慢慢地用心閱讀，讓頭腦的知識進入你的心，成為心靈的經歷。第二部「方法」的〈歸心祈禱入門〉，詳細說明歸心祈禱的方法和規則，請依照規則確實操練。初學者可由每天一次十分鐘的操練開始，慢慢增加到二十分鐘。規律的操練也有助了解領會第三部與第四部的內容。從〈導言〉到第十二章，都有「小組材料」，收錄在書末，供小組組員反思討論。在小組討論分享之後，請務必以歸心祈禱作結束，使「知性」的討論有機會成為「靈性」的經歷，與組員一同體驗基督在靜默中臨在的美好。

在完成本書之際，我回顧這二十九年多走過的屬靈旅途，心中充滿了感恩。我很感謝初回中台神學院任教時，劉瑞賢院長和學生們對我的信任，使我能自由地在靈修神學的課程中教導當時對他們而言陌生的「默觀」、「歸心祈禱」，並帶領他們操練。爾後在學生的要求和院長的鼓勵之下，我在中台神學院成立了第一個歸心祈禱小組，每週一清晨六點半，有七、八位學生和我在中台舊校園的第四教室操練歸心祈禱和聖言心禱，默想聖經和靈修短文，並以口禱（vocal prayer）回應上帝的話語。這些學生畢業後都成為上帝忠心的僕人使女，蒙主重用。

我要特別感謝其中一位——台灣信義會台中基督堂的主任牧師吳綺芬。她從中台畢業後繼續與我緊密合作，成為我教導、推廣歸心祈禱的好同工。二〇一二年，她在台中基督堂舉辦了幾次「與神親密之旅歸心祈禱工作坊」，邀請我負責教導，讓中部教會的弟兄姊妹有機會學習歸心祈禱、聖言心禱和其他相關的靈修操練。之後我們也在靜山舉辦過幾次「歸心祈禱靜默營」，學員來自台灣各地教會。綺芬牧師善用上主給她的執行力，扛起所有工作坊和營會的行政事務。在台中基督堂的牧師辦公室，不時有弟兄姊妹向她求教，學習歸心祈禱。無論是自己教會的會友或其他教會的弟兄姊妹，她都歡喜接待，不吝給予個別指導。後來為了繼續建立在工作坊和個別指導中學習歸心祈禱的弟兄姊妹，她又在基督堂開始了兩組歸心祈禱小組，各在週六上午和週四晚上聚會，帶領弟兄姊妹在與上帝親密之旅中繼續成長。我相信她為推廣歸心祈禱的慷慨付出必蒙主紀念。

關於本書，我也要表達心中的感恩。我何其有幸蒙台南成功教會的牧者兼中台神學院和聖光神學院的舊約教授鍾平貴牧師，以及輔仁大學臨床心理學系葉在庭教授在百忙中賜序。他們都是歸心祈禱的實踐者，分別從靈性與心理的角度為本書寫序，在此向他們致上最深的謝意。本書中的見證分享（大多未用真名），是弟兄姊妹與學生操練歸心祈禱的經歷與果子。他們讓我在書中分享他們的故事，在此向他們致以由衷的感謝。我也要感謝游紫雲老師以無私的愛和精湛的文筆修訂全書，力求給讀者一個愉悦的閱讀經驗。願主紀念她的付出。我更要謝謝香港基道出版社的編輯同工們，在出版上提供專業的協助。

最後我要將一切的感恩、讚美、榮耀都歸給愛我們的天父上帝，是祂的聖靈一路光照、引導、幫助，使本書終能問世。閱讀本書的讀者若被歸心祈禱所吸引，請與我們一起踏上這條源遠流長、歷久彌新與上帝親密的旅途！

目 錄

第三部　經歷

第四部　延伸

導言

「到我這裏來」：歸心祈禱與我

凡勞苦擔重擔的人可以到我這裏來，我就使你們得安息。（太十一 28）

主耶穌的邀請

一九八一年冬天，我在美國新澤西州結滿厚冰的家門前台階滑倒，滾落五、六個台階。因重傷之後沒有在第一時間得到正確的治療，從此痛就沒有離開過我。我的脊椎骨移位，終日疼痛難耐，身體十分衰弱。醫生要我休息，一位師長也從台灣來信關心我，並說：「不只身體要休息，心靈也要休息。」可是我不知道如何休息，日子繼續在痛苦中捱過，心情沮喪到了極點。

一九九〇年三月的一天，在清晨靈修時，主的話臨到我：「凡勞苦擔重擔的人可以到我這裏來，我就使你們得安息。」（太十一 28）當時這節熟悉的經文深深地感動我，我意識到主也要我休息，而「到主這裏來」是得安息的祕訣。但我不懂為甚麼主耶穌在這時候對我說：「到我這裏來」，我想：我十九歲信主時就已來到主耶穌這裏，為甚麼現在主又對我說到祂這裏來呢？

然而，此後連著幾天，「到我這裏來」這幾個字一直在我眼前，揮之不去。我領悟到這是來自主耶穌的一帖請柬，我怦然心動，卻不知如何回應主的邀請。

同年六月的最後一個週末，我受邀去紐約上州參加一個祈禱退修會，地點是在隸屬默觀外展網絡（Contemplative Outreach, Ltd.）的蝶蛹家園（Chrysalis House）靈修中心。到了那裏我才知道參加的是「歸心祈禱退修會」（Centering Prayer Retreat）。我生平第一次聽到「歸心祈禱」（Centering Prayer），心想：「這是甚麼祈禱啊？」一位祖母級的靈修導師——瑪莉．默羅曹斯基（Mary Mrozowski；她後來成為我的靈修導師，下稱瑪莉），在聚會開始之前，先向我簡單介紹了歸心祈禱的規則。當晚（週五）我就開始和大家一起禱告。在祈禱中我以單純的信心，無言無語地來到內住在我心中的基督面前，向祂敞開我的全心全人，在靜默中與祂相交。第二天（週六）的第二堂祈禱時間，在靜默中，我覺察到內心有甜美的安息。

回家之後，這個超越言語、意念、思想的靜默祈禱繼續吸引著我。當時我任教的學校剛好放暑假了，我不用上班，有充裕的時間，我就天天操練，樂在其中。我的心靈因此得到滋潤，內在的安息也隨著加深。我終於恍然大悟：原來我在歸心祈禱中回應了基督的邀請呢！我的心雀躍著，到祂這裏來就可得安息。我十九歲到主耶穌面前接受救恩，現在則到祂這裏來得享安息，接受祂在我內裏的作為，預備進入生命的深處，與主建立更親密的關係。

心中的疑雲消散

雖然我享受著這個祈禱，內心卻掛慮著一件事：要不要告訴我的牧師？我的母會在紐約的法拉盛區，牧師是一位上帝忠心的僕人，他重視聖經真理，高舉耶穌基督。他講道的特色是以經解經，每週按時分糧，餵養他的羊羣，幾十年如一日。此外，我知道他對天主教是很有意見的。所以，要不要告訴他呢？我多年在這個教會敬拜、服事，我不能背著我的牧者去做他可能不贊同的事。於是我拿起電話，將最近去天主教（當時我誤以為默觀外展網絡是隸屬天主教的機構)靈修中心學習歸心祈禱的歷程，一五一十地與他分享。聽完後，他說：「你去學習天主教的祈禱與靈修方法，這是沒有問題的。」牧師沒有阻止我，我如釋重負。

歸心祈禱是二十世紀的名稱，但它的歷史淵源卻是很古老的。早在四、五世紀，沙漠教父的著作中就已經有歸心祈禱的表達。所以，歸心祈禱是來自曠野的禮物(請看本書第二章〈歸心祈禱的發展〉，頁29)。然而當時我對這個歷史淵源毫無概念，多年以後才從書本上得知。因此，雖然牧師沒有攔阻我，且此祈禱對我的吸引有增無減，但我的內心仍充滿矛盾與疑惑。如果這個靜默的祈禱真是那麼好，為甚麼我從來都沒有聽過、也沒有讀過有關這個祈禱的書呢？它合乎聖經真理嗎？為甚麼在退修會中，我總是惟一的華人基督徒呢？(有其他基督教信徒，但華人只有我一個。)在基督教教會裏，哪有人祈禱時是一言不發的？祈禱時閉著雙眼靜靜地坐著，佛教的坐禪豈不也是這樣嗎？我會不會誤入歧途而不自覺呢？教會的弟兄姊妹知道了會不會排斥我呢？我心中充滿著疑問與不安，我的屬靈旅途突然烏雲滿佈，威脅著我，要我放棄。但心中那無可名狀的吸引使我無法放棄。

同年八月的一個週末，我又去蝶蛹家園靈修中心，那個主日(八月十九日)大家都去望彌撒，我一個人留在中心的大飯廳，獨自靈修，敬拜上帝。按著每天讀經的進度（當時讀的是英文聖經），我翻到約翰福音十五章。我讀到 4 至 5 節中的經文"Abide in me as I abide in you."（「你們要常在我裏面，我也常在你們裏面。」），於是我對我的心說：「這豈不就是歸心祈禱的光景嗎？」做歸心祈禱時，我在基督裏面，基督也在我裏面。這豈不就是我每天在祈禱中的經歷嗎？我的心大得激勵，再拿起每天閱讀的靈修經典《竭誠為主》（*My Utmost for His Highest*），翻到當天那篇信息，馬太福音十一章 28 節的"Come to me"（「到我這裏來。」）是信息的標題。它立即抓住我的心：這豈不就是幾個月前的一個清晨，主耶穌對我發出的邀請嗎？我帶著深深的感動與敬畏的心，安靜在主面前。我聽到主在我心中細語：「孩子，放心。這是正路，你當行在其中。」所有疑惑的烏雲瞬間煙消雲散，於是我歡然上路，至今已將近三十年了。

一件合身的好衣裳

後來我買了一套多默．基廷（歸心祈禱的創始者之一）的錄音帶《屬靈的旅途》（*The Spiritual Journey*）。那時學校還沒有開學，我在家常一邊聽錄音帶，一邊操練歸心祈禱，有時一天三次，每次二十到三十分鐘。開學後為了避開車流的尖峯時段，我需要一早出門。所以，晨更時，除了讀經之外，我只做十分鐘的歸心祈禱，晚上再祈禱三十分鐘。漸漸地，歸心祈禱成為我靈修生活的一部分。

在歸心祈禱的靜默中，我天天回應主耶穌的邀請：來到祂面前。祂已經內住在我心中，我來和祂在一起，在祂內裏休息一會兒，暫時忘記我自己。在靜默中我與祂親密相交，那是「一切盡在不言中」的經驗。

有一次我與靈修導師瑪莉會談後，她說：「這個祈禱對你像是一件合身的好衣裳。」歸心祈禱確實是上帝賜給我的一份適時的禮物。

「痛」成為我的「內屋」

隨著我在歸心祈禱中經歷的安息日漸加深，我身體的肌肉也開始放鬆。每次祈禱後，我的身體總是覺得比較舒服。有一次從六天的歸心祈禱密集退修會回來後，醫生說，我的背部肌肉比較放鬆，我的症狀似乎有改善。我大受鼓勵，以為上帝要藉此祈禱醫治我。

後來我覺察到，原來我這麼熱中於此祈禱，並不是單純出自愛上帝，而是摻雜著想得醫治這個自我中心的動機。於是我向上帝承認我的虧欠，祂卻對我的心溫柔地說：「我早就知道了。放心吧！我要你身體健康舒適。」我心裏對上帝愛的信任於是悄悄地萌芽。

至今上帝尚未完全醫治我的背痛，但祂轉化了我與背痛的關係。過去痛是我要上帝為我踐踏的仇敵，今日痛成為我親近祂的內屋（詳情請看第十章〈孕育默觀的心態〉，頁 160 ～ 163）。

牙牙學語的祈禱

其實早在我十九歲剛剛信主時，聖靈就把渴慕祈禱的心放在我心中。我渴慕親近天上的父，並和祂說話，卻不知道要說些甚麼。我很羨慕傳道人，他們一開口，美麗的詞句就湧流出來，滔滔不絕，是那麼自然活潑，好像與天父上帝有說不完的話。但我呢？禱告三、五句就無話可說了。

於是我決心要好好學習禱告。在家裏我設定鬧鐘三分鐘，告訴自己，在鐘響之前我不停止對天父上帝說話。我達到這個短程目標之後，再把時間設定到五分鐘。就這樣我漸漸地「拉長」祈禱的時間。祈禱的時間愈長，我就以為我的祈禱在進步。我這樣暗中訓練自己，不敢讓人知道。

如今回想這個「幼稚」的舉動，不管人們會怎麼說，我相信我渴慕親近天父上帝的心是討祂喜悅的，我這如幼兒牙牙學語的模樣，想必博祂莞爾一笑吧！

人生旅途大轉彎

受洗後不久，我做了一個影響我一生的抉擇——我放棄大學去就讀神學院。信主之後，我的直覺告訴我，這個信仰是個「寶」。雖然我認識主不久，卻感受到祂在我內裏的吸引，這是當時的我無法用言語表達的。前一年大專聯考，我考上了不盡理想的科系，這一年重考，考上了夢寐以求的英語系。我要去讀大學呢？還是去讀神學院呢？我考慮、掙扎著。我決定放棄追逐多年的大學夢，選擇去讀神學院。中台神學院破例錄取我這個剛受洗的基督徒。於是我的人生旅途有了一個大轉彎，我放下嚮往多年、多采多姿的大學生活，踏入神學院接受嚴謹的神學教育。

我在中台美麗如世外桃源的校園裏生活、學習有四年之久，屬靈的生命得到悉心的培育。在課堂上，我像一塊海綿，對老師的教導，如飢如渴，全盤吸收。當時的中台神學院十分重視學生的祈禱靈修生活。每天清晨五點四十五分鐘聲一響，我們就要起床靈修。每天有早禱、晚禱。我也常獨自到祈禱室，跪在上帝面前，向祂傾心吐意地祈禱。當時的女學監陳士珍教師是我們的靈修導師，陪伴我們成長，對我個人而言，她更是我內在生活的啟蒙導師。這些嚴謹的生活和靈性的操練，奠定了我一生的靈修習慣，也堅定了我要一生跟隨主的決心。

走向生命的深處

在接觸歸心祈禱之前，我的祈禱主要是口禱——悟性的禱告，用言語、意念、情感，向上帝表達我的心聲。情詞迫切時，我甚至會全身用力。當時我以為這是惟一的祈禱方法。這也是我在學習靜默的歸心祈禱初期疑惑不安的原因之一。回顧初信至今將近六十年的屬靈旅途，我看見上帝一直以慈繩愛索牽引著我。從口禱到靜默的祈禱，是祈禱進深自然的現象。早期教父說，靜默的祈禱（默想與默觀）是建立在口禱的基礎上，[1] 可見口禱的重要。一九九〇年三月，主耶穌對我的邀請是靈命進深的邀請，祂並沒有要我走另一條路，而是藉著歸心祈禱成為聖靈的工具，一步一步帶著我走向生命的深處。

我剛學習歸心祈禱的最初幾年，晚上做了許多的夢。今天回顧這些夢境時，我看見聖靈早就在預備喚醒我的潛意識，讓它能積極地參與在我的屬靈旅途中（請看第九章〈踏上屬靈的旅途〉，頁 140～146）。正如華人靈修導師暨心理諮商師（或稱心理輔導員）譚沛泉所說的，我相信這些夢都是主耶穌對我生命成長的邀請，並藉著它們給我正向的力量，實現祂在我身上的召喚。[2]

一個至今記憶猶新的夢境是我在走路。我在地面上走著、走著，走進了一個陰暗狹窄的樓梯間。我一階一階地往下走，在昏暗中總有一束微弱的光照著我的下一個台階。我小心翼翼一階一階往底層走，卻發現深不見底。正猶疑著是否要繼續走下去時，我就醒過來了。夢醒時，我知道，主耶穌藉著這個夢引導我走內在的旅途、靈命進深的道路。我的信心告訴我，當我走到最深處時，我會發現，愛我的天父上帝必在那裏等著我。對我而言，這個屬靈的事實是一顆貴重的珍珠（參太十三45～46，《和合本修訂版》），是我十九歲時就嚮往、卻無法命名的寶。幾十年後，我竟在歸心祈禱中發現它早已在我內裏。正如奧古斯丁（Augustine）的名言所表達的：「我一直在外面尋找那在我裏面的。」於是，我歡然踏上這內在的旅途，讓聖靈一步一步地帶領我走向生命的深處。

生命進深的課程

一九九三年九月到一九九四年五月，我參加了蝶蛹家園靈修中心主辦的「默觀生活課程」(Course in Contemplative Living)。這個課程讓我在默觀靈修和與上帝親密之道上，有更深的學習。該課程的設計是實踐重於理論，旨在幫助我們學習過默觀生活，在日常生活中接受聖靈的煉淨，預備與上帝親密同行。我們每月的第三個週末上課，為期九個月。蝶蛹家園是一棟座落在茂密樹林中的大房子。學員們每個月有一個週末三天兩夜得以在此寧靜、綠意盎然的環境中，學習在靜默中與上帝獨處。

一天三次操練歸心祈禱和全程(不上課時)持守靜默是本課程的主軸。禁言是為操練外在的靜默：我們放下忙碌，停止與人說話交談。這外在的靜默漸漸地帶我們進入更深、更內在、更不容易的心靈的靜默。在這內在的靜默(interior silence)中，我們不只不與人交談，連內裏的自我交談也停止了，使我們能向上帝側耳，更深地聆聽祂。

我們在寧靜的環境和祈禱的氛圍裏上課。上課的內容是基督宗教靈修傳統的各種靈修操練。課外也有指定的閱讀材料，我因此接觸了幾本影響我至深的靈修經典。我們也有勞動，如打掃、擦玻璃窗、除草等工作，目的是操練在勞動中祈禱。另外，我們也有個別靈修指導的時間，幫助我們在每天生活中所遇見的種種挑戰中，與上帝建立關係。我的靈修導師瑪莉陪伴我將近三年，直到她去世。想到後來沒有華人基督徒的陪伴，我孤單地走在屬靈的旅途中，以及在台灣靈修導師「一位難求」的現況，那段有瑪莉和其他靈修導師陪伴的日子，更顯難能可貴。

這個生命進深的課程讓我體會到靜默的寶貴，強化了我對歸心祈禱的委身，所學的靈修操練至今繼續豐富著我的生命與教學。

回應上帝的召喚

在蝶蛹家園上默觀生活課程的那九個月中，有一個晚上我做了一個色彩繽紛的夢，夢中的我摻雜著興奮、驚喜、孤單的情緒。

在夢中我與幾位姊妹去滑雪。那是一個豔陽高照的寒冬，我們站在白雪皚皚的山坡上，一眼望去只見閃閃發光的白色世界，美麗非凡，似置身夢幻。我們幾個人坐上一長形的雪橇，從高處滑下山坡。雪橇急速下滑，大夥兒尖叫聲不停，又驚又喜，刺激極了！坐在最前面的我忍不住回頭一望，見到色彩鮮豔的圍巾隨風飄舞的同時，我注意到後面的四個同伴都是白人姊妹。醒來時我心中有一股淡淡的孤單感。這幾位姊妹是我屬靈旅途中親愛的同伴，我們一起學習，彼此切磋，我們之間有寶貴的情誼。可是華人弟兄姊妹呢？你們在哪裏？

二○○一年我受母校中台神學院之邀，返台教授靈修神學，又於二○一三年受邀至台北靈糧神學院教授屬靈操練。至今上帝給我許多機會教導歸心祈禱與默觀靈修操練。在台灣已有不少基督徒弟兄姊妹，踏上了這個與上帝親密的旅途，我已不再孤單。但我還是常常想到這個二十幾年前的夢，誠如譚沛泉所說的，上帝藉此夢預備我回應祂在我身上的召喚。

行文至此，心中不禁感恩讚歎上帝奇妙的計劃與安排，聖靈的引導確實超過我所求所想。我的背痛猶如一個開口，讓上帝的恩典、大能、無法測度的愛，藉著歸心祈禱流進我的生命中，不但滋潤我、醫治我、煉淨我、更新我，更使我成為祂手中的器皿。上帝藉著我在中台神學院、靈糧神學院教授靈修課程，在各教會主持歸心祈禱工作坊，以及在靜山靈修中心舉辦歸心祈禱靈修營，吸引了一些華人弟兄姊妹一同踏上與上帝親密之旅。現在我回應上帝的召喚，完成這本書，心中的渴望是，它能成為聖靈向所有華人基督徒發出的一帖請柬：「到我這裏來。」祈願讀者接受主耶穌的邀請，加入我們的行列，一生與上帝親密同行，以祂愛我們的愛來服事這世代的人。

第一部

歷史

1

歸心祈禱與默觀

你要盡心、盡性、盡意愛主——你的上帝。……其次也相倣，就是要愛人如己。（太二十二37、39）

……存著誠心和充足的信心來到上帝面前……（來十22）

「默觀」對許多基督徒來說可能相當陌生，但它卻是操練歸心祈禱的基督徒心中的嚮往：藉由規律操練歸心祈禱，有一天能進到默觀，與上帝聯合的境界。因此在談歸心祈禱與默觀之前，讓我們先來認識甚麼是默觀。

默觀的字義

默觀這個詞的拉丁文原文是 *contemplatio*，英文是 contemplation。最常見的中文翻譯除了「默觀」，還有

「靜觀」。華人聖經學者唐佑之則將 *contemplatio* 譯為「沉念」。[1]

默觀的拉丁文 *contemplatio* 的意思是「同在聖殿中，描寫人神同在的意境」。[2] 故教會初期的教父以 *contemplatio* 這個字形容上帝與人聯合的靈性境界。

默觀的意思有廣義和狹義兩種。廣義上，默觀與默觀祈禱（contemplative prayer）是同義詞，二者可交替使用，指的是基督徒沉思靜禱、專注於上帝的一種修持與情操；而狹義上，默觀則是指「神人密契相交的經驗和歷程」。[3]

默觀是上帝與人親密相交的歷程

在聖經第一卷書創世記中，表達了上帝要與人親密相交的渴望。上帝按著自己的形像、樣式造人（創一 26），因為祂要造一個像祂、能與祂親密相交的人。但人類的始祖犯罪墮落之後被趕出伊甸園，上帝與人之間的親密就此失去。直到上帝的兒子道成肉身來到世界，住在我們中間，為我們成就了救贖大功，上帝與人之間的親密再度成為可能，我們這些因信耶穌而稱義的人得以親近上帝（弗二 13）。聖經告訴我們，耶穌基督是「父懷裏的獨生子」（約一 18），天父差遣祂來到世界，是要把我們這些因信祂獨生子而稱義的人，帶回天父的懷抱中，永遠與祂在一起。

約在十年前，我在香港道風山基督教叢林上靈修指導的課程，其中的一門必修課是「大德蘭（Teresa of Avila）的《靈心城堡》」。[4] 在課堂中，我的教授何瑞臣（Dr. Richard Hardy）說了一句令我難忘的話，他說：「天父上帝是那麼地愛我們，祂不能忍受沒有我們在祂身邊。」這是他對上帝渴望與人在一起的深刻體會。

在《聖女大德蘭的靈心城堡》（*The Interior Castle*；或譯《七寶樓臺》）的〈導讀 2〉，台灣大學的關永中教授也以「人神之間的愛」表達了他對默觀的體會。他說：「默觀是人神之間愛的知識之發展歷程。默觀意謂著人神間的相戀。它一方面是人渴慕著神，如同麋鹿渴慕著水泉；另一方面是神尋找著人，如同牧者在尋覓著亡羊。⋯⋯人對神的嚮往，與神對人的呼喚，是同一回事的兩面。」[5] 所以，默觀是人與上帝結合（聯合）的境界。但有罪的人必須被煉淨，才能與聖潔的上帝結合。因此，默觀包含「煉淨與結合」。[6]

默觀是屬靈生命最高的表現

根據教會歷史的記載，在十五世紀之前，默觀一向被視為是真實屬靈生命自然發展的結果，是每個基督徒都能追求的。[7] 到了二十一世紀，唐佑之亦有相似的教導，他說：「沉念是屬靈生命最高的表現。」[8] 歸心祈禱創始人之一潘寧頓（M. Basil Pennington）也說，默觀祈禱能「幫助人在基督徒生活中進步，被煉淨，被光照，並更完全地住在與天主的合一中」。[9]

默觀或默觀祈禱激勵我們行走在愛的道路上，使我們能自由地愛上帝、愛人，並以天父的事為念。默觀幫助我們朝著耶穌最大的誡命邁進：「你要盡心、盡性、盡意愛主——你的上帝。……其次也相倣，就是要愛人如己。」（太二十二 37、39）愛上帝、愛人乃是成熟的屬靈生命的特徵，因為愛心是聯絡全德的（西三 14）。

聖經和初代教會的默觀

「默觀」或「默觀祈禱」並沒有在聖經中出現過。但是在福音書中，我們常看見耶穌在獨處靜默中與天父親密相交（太十四 23；可一 35～37；路五 16）。祂稱上帝為「阿爸！父」（可十四 36），對耶穌而言，祈禱是兒子與父親之間的交通。可見，在福音書中的耶穌就是一個默觀者。

在約翰福音和約翰壹書，耶穌所愛的門徒約翰為後人留下有關默觀祈禱的極豐富的教導。「愛」是約翰信息的重點，也是默觀的主要元素。今天我們愛上帝，在默觀中尋求祂，是因為我們先經歷了上帝無條件的愛：「我們愛，因為上帝先愛我們。」（約壹四19）在上帝與人的關係中，上帝總是採取主動。在約翰福音，我們看見，聖父愛聖子，也愛每一個信徒，「叫世人知道你差了我來，也知道你愛他們如同愛我一樣」（約十七23）。而聖子也愛每一個信徒，如同聖父愛聖子：「我愛你們，正如父愛我一樣；你們要常在我的愛裏。」（約十五9）約翰又說，我們是在愛中與上帝連結：「上帝就是愛；住在愛裏面的，就是住在上帝裏面，上帝也住在他裏面。」（約壹四16）我們與主連結，如同葡萄樹的枝子連結於葡萄樹一樣：「常在我裏面的，我也常在他裏面。」（約十五5）約翰自己的生命經歷見證了豐富的默觀信息：他親耳聽見了耶穌愛的信息，他也照著這愛的信息，一直活在與主連結的親密中。當我們體會上帝對我們的愛與接納時，我們的心自然被吸引來親近祂，這就是默觀。

使徒保羅則認為，擁有對上帝愛的知識是信徒靈命成長不可或缺的。為此，他為以弗所的信徒祈禱說：「使基督因你們的信，住在你們心裏，叫你們的愛心有根有基，能以和眾聖徒一同明白基督的愛是何等長闊高深，並知道這愛是過於人所能測度的，便叫上帝一切所充滿的，充滿了你們。」（弗三 17～19）「擁有對上帝愛的知識」就是默觀。

初代教會的基督徒則稱耶穌教導的「進內屋」的祈禱為默觀。[10] 耶穌說：「你禱告的時候，要進你的內屋，關上門，禱告你在暗中的父；你父在暗中察看，必然報答你。」（太六 6）在耶穌時代的巴勒斯坦，家中有一間能關上門的內屋是十分奢侈的，故「內屋」指的不是房屋的建築或設備，而是人心靈的內殿，我們存有的最深處（our inmost being）。當耶穌說「你禱告的時候，要進你的內屋，關上門」時，祂是要我們進入我們心靈的內殿，存有的最深處。這心靈深處的祈禱是隱密的、親密的、靜默的。初代教會的基督徒稱這樣的祈禱為默觀或默觀祈禱。

歷代聖徒對默觀的教導

三、四世紀的沙漠教父與教母是早期的默觀者。他們跟從基督的教導，祈禱時就進內屋、關上門。在沙漠教父的語錄裏有這樣一段話：「每當我們從思緒的喧囂和憂慮中抽離，並且隱密地、親密地向主祈禱，我們就是進了內屋；當我們在暗中祈禱，我們是在我們的內心裏，以收斂的心靈，完全靜默地祈禱。」[11] 這些早期默觀者實踐內屋的祈禱，藉此抗拒世俗的侵襲，並培育與上帝活潑親密的關係。

後來的教父所教導的默觀，與使徒保羅一樣，都以「擁有對上帝愛的知識」為重。希臘教父說，默觀是「藉由經驗而得的對上帝愛的知識」。六世紀末，大貴格利(Gregory the Great)則以「對上帝充滿愛的知識」形容默觀。對他而言，默觀是默想上帝話語的果子，也是上帝寶貴的禮物。他說，這個禮物就是在上帝裏安息（resting in God）。在這安息中，祈禱者的頭腦和心靈不再尋求上帝，而是開始體會或「嘗」到他們一直在尋求的。[12] 到了十四世紀，英國靈修名著《不知之雲》（*The Cloud of Unknowing*）的不具名作者說：「沒有一個人能靠自己的頭腦來理解這位非受造的上帝，但每一個人都能經由愛來完全地擁有上帝。這是一個永不止息的愛的神蹟：一個有愛心的人，憑著愛，能擁抱上帝。」[13]

一位作家曾以一篇小故事來描繪默觀。故事是這樣的：在某一個教區裏有一個農夫，他雖沒有學問，生活貧困，但在敬虔與美德上卻是富足的。每天他去工作和回家的途中，總會進入教堂，將他的愛與敬拜獻給上帝。教會的牧者很喜悅看到他，但令牧者不解的是，他從來沒有看見這農夫的嘴唇有絲毫的移動，他覺得很稀奇。有一天牧者就問他：「良善的先生，在你每天這麼長時間造訪主的過程中，你向主說了甚麼話呢？」農夫回答：「我甚麼也沒說。我看著祂，祂看著我。」[14]

當代神學家馬丁．賴德（Martin Laird）也以人與上帝彼此注視描繪默觀。他說：「當我們忘我的目光沉浸在上帝虛己的目光的注視時，我們就在這相遇中得安息。」[15] 這正是上述的農夫的經歷。

對歷代聖徒而言，三一上帝的愛就是默觀的主軸。上帝尋覓人，人渴慕上帝，上帝與人至終在愛中相遇，達到聯合的境界，這就是默觀。

歸心祈禱是默觀的預備

默觀純粹是上帝的禮物，是聖靈的恩賜，不是靠人的追求可獲得的。但這並不是說我們甚麼都不必做。歸心祈禱就是我們能做的一件事。歸心祈禱預備我們進入默觀祈禱。一個渴慕默觀恩賜的基督徒，可由操練歸心祈禱開始。因為歸心祈禱是「存著誠心和充足的信心來到上帝面前」（來十 22）。透過歸心祈禱，我們來到上帝的同在中，培養靜默聆聽、敏於接受（receptivity）的默觀心態。

歸心祈禱與默觀祈禱可能會重疊，使我們很難分辨何時歸心祈禱結束，何時默觀祈禱開始。然而，這不是我們需要去關心的。因為操練歸心祈禱時，我們並沒有設立「目標」。我們不去想「如何」或「何時」進入默觀祈禱。我們乃是放下一切，心中一無所求，只單純地在愛中與上帝相交。

在歸心祈禱中，我們向馬利亞學習，來到耶穌腳前，敞開我們的心來領受上帝的愛，放下會攔阻我們領受祂愛的種種障礙，同時也回應主的愛。我們用一個象徵愛的「禱語」（sacred word），在無言中向主說：「主啊！我也愛你！」我們與內住在我們心中的上帝親密相交，我們與祂在愛中合而為一。假以時日，我們在歸心祈禱中與上帝在愛中聯合的經歷，也會延伸到日常生活中，使我們常常活在上帝愛的意識裏，這就是進到默觀最好的預備了。

默觀既是上帝所賜無與倫比的禮物，每一個嚮往與上帝聯合的基督徒，都應該渴慕這份禮物。歸心祈禱是邁向默觀的一條路，它不是惟一的路，卻是一條很好的路。

2

歸心祈禱的發展

使基督因你們的信，住在你們心裏，叫你們的愛心有根有基，能以和眾聖徒一同明白基督的愛是何等長闊高深，並知道這愛是過於人所能測度的，便叫上帝一切所充滿的，充滿了你們。（弗三 17～19）

學習東方靈修的熱潮

歸心祈禱的發展源自美國麻薩諸塞州（Massachusetts；又稱麻省、麻州）。當基廷在一九六〇年代擔任麻州熙篤會修道院（Trappist Monastery）院長的時候，離修道院不遠處有一個佛教的亮光默想中心（Insight Meditation Center），吸引了不少年輕人。他們在前往途中迷路時，常到修道院問路。基廷好奇地問他們：「你們到佛教默想中心想尋找甚麼呢？」他們幾乎異口同聲地說：「我們在尋找一條路。」

他們尋找的是一個以默想為基礎的靈修操練，一條能改變他們對現實和人生看法的路。發現他們多數來自基督宗教（Christianity）背景的家庭，基廷忍不住追問：「你們為何不在自己的信仰傳統裏尋找呢？」他們十分訝異地反問：「你是說基督宗教也有一條路嗎？」[1]

此後，有些從這個佛教默想中心回程的年輕人，常順道拜訪修道院。他們說：「我們從佛教默想中心得到益處，但那裏沒有基督，我們需要基督。」與基廷同為歸心祈禱創始人之一的威廉．萬寧格（William Meninger），在一次訪談時說：「這些年輕人從東方宗教所學到的是，經由靜默的路徑（non-verbal approach）——超越言語、思想、意念——來尋找上帝。他們在回應內心對上帝的渴慕，但他們卻在基督信仰之外回應，這是極大的不幸。」[2]

古法新包裝的祈禱

這個現象令熙篤會修道院的修士感到萬分的挫折。於是基廷在一次會議中提出挑戰：「我們是否能將基督宗教默觀傳統的精髓，以默想的方式來教導在修道院之外的人？」這些熙篤會的修士都知道，基督宗教不但有一條既深奧又豐富的默觀之路，而且他們已多年生活在其中。可是要如何傳遞教導呢？

後來，萬寧格從十四世紀有關默觀祈禱的靈修名著《不知之雲》第七章的一段話得到靈感與啟示，這段話就成為歸心祈禱方法的基石。簡言之，歸心祈禱是將古老的默觀祈禱加上新的包裝，方法簡單，讓每一個渴慕與上帝建立更親密關係的人都可學習。起初這個新包裝的祈禱稱為「雲的祈禱」(意指「不知之雲」)，後來受到二十世紀的靈修導師多瑪斯·梅頓 (Thomas Merton) 的影響，而改名為「歸心祈禱」。梅頓常提到，體驗上帝的方法就是要回歸人的中心。他曾寫道：「……祈禱的開始，不怎麼靠『思考』，而是靠『回歸內心』，藉此尋找自己最深的中心，喚醒我們存有的深度境界；我們的存有靠天主的臨在，祂是我們存有的根、生命的源。」[3]「歸心」就是回到我們存有或心靈的最深處。

來自曠野的禮物

「歸心祈禱」是二十世紀的名稱，由上述幾位熙篤會的修士一起創始。然而，要追溯歸心祈禱的歷史淵源，必須回到四、五世紀沙漠教父的時代。那時沙漠教父的著作中已經有歸心祈禱的表達。我們查考教會早期的歷史，會發現許多關於沙漠教父有趣又生動的故事。在五世紀，迦賢努 (John Cassian) 出版了兩個系列的作品——《法規彙編》(*Institutes*)和《會談集》(*Conferences*)。六世紀的本篤(Benedict)大量採用《法規彙編》裏的法規與傳統,使得迦賢努的《法規彙編》對西方隱修生活產生莫大的影響。迦賢努的第二系列《會談集》則包含了他個人認為最重要的教導,是他在長期的朝聖途中所領受的,其中也收集了幾位偉大的沙漠教父的言論。

根據迦賢努的自述,他曾與他的朋友赫曼(Herman)拜訪一位知名的隱修者依撒格(Abba Isaac),請求他教他們祈禱。依撒格既美麗又有深度的教導,都收集在〈依撒格論祈禱的第一次會談〉("First Conference of Abba Isaac on Prayer")。據說,當天這位長者高超的教導,令迦賢努與赫曼似乎腳不著地、飄飄然地回到他們的小斗室。次日二人醒來,赫曼向迦賢努說:「很好,但如何做到呢?」於是,這兩位年輕的修士再次飛越沙漠向長者提問。〈依撒格的第二次會談〉("Abba Issac's Second Conference")中,依撒格所教導的祈禱,就是針對這個問題所作的回答。這成為了西方世界對此祈禱傳統所作的第一次表達,這個傳統就是今天我們的「歸心祈禱」。[4] 以下是依撒格教導祈禱的部分內容:

> 我得給你們一個靜觀的口訣。如果你

們小心地持守這口訣，學會在任何境遇中記起，它會幫助你們登上靜觀之境⋯⋯。每一個想要不斷記起天主的人，都使用這口訣來默想，以便驅除心中所有的雜念。除非你們離棄肢體，否則無法持守這口訣。

⋯⋯這口訣乃是：「天主，求祢快來拯救我；上主，求祢速來扶助我。」（按：《和合本》譯作「上帝啊，求你快快搭救我！耶和華啊，求你速速幫助我！」〔詩七十1〕）

⋯⋯它包含人對天主的祈願，謙遜的宣信，虔誠的警醒，它默思人性的脆弱，信賴天主的回應，確信天主當下的支持。

⋯⋯我們每一個人，不論靈修生活到達甚麼境界，都需要使用這節經句。

我們的心應該緊緊抓住這口訣，直到它為我們驅除一切豐富多樣的思想，使我們定在這單句的貧窮中（註：意即使我們的心被約束在此單句中）。這使我們很容易獲致福音真福，尤其是第一條：「神貧的人是有福的，因為天國是他們的。」（按：《和合本》譯作「虛心的人有福了！因為天國是他們的。」〔太五3〕）⋯⋯這種祈禱，不尋求視覺圖像，也不使用思想或言語；⋯⋯而且，它不依靠感官之助，⋯⋯直接向天主傾吐它的祈禱。[5]

沙漠教父本都的伊瓦格斯（Evagrius Ponticus；又名伊華紐斯或埃瓦格理烏）是一位神學家，他言詞清晰、善於表達，他提倡純祈禱，認為純祈禱就是放下一切思想。以下節錄他教導的片段：

> ……祈禱時，靈要警醒，要離棄一切思想，這樣靈才能持守於自己深沉的寧靜之中。
>
> ……祈禱時，不要刻意製造任何的圖像，或想像任何的場景。
>
> ……樂哉此靈！祈禱時，獲致完美的無意識……。[6]

另一位六至七世紀的沙漠教父約翰·克利馬科斯（John Climacus），以他的著作《神聖攀登的天梯》（*The Ladder of Divine Ascent*）聞名。以下節錄他論到祈禱的文字：

> ……讓你的祈禱徹底地簡單，因為稅吏與蕩子兩人都是以一句話向天主求和。
>
> ……別猛力投入冗長的辯論，追求言辭華麗，會使你心神消散。稅吏只消一句話，

就打動了天主的慈悲。……

……祈禱開始，首在驅除雜念，雜念一起，就用一句簡單的話驅除。[7]

若我們操練歸心祈禱一段時日，必能看出歸心祈禱與上述這些沙漠教父教導的古老祈禱傳統，乃是一脈相傳的。

兼顧靈性與心理成長的祈禱法

在梵諦岡第二次大公會議（1962～1965年）之後，天主教有許多方面的改革與更新，其中之一就是鼓勵平信徒要扛起個人靈命成長的責任，而不再依賴神父與其他神職人員。與會的天主教會領袖認為，與上帝聯合乃是所有基督信徒屬靈旅途的目標，每一個基督信徒都能在修道院之外活出默觀的生活。歸心祈禱的創始正逢此時，成為上帝造就基督信徒的管道。約在一九七五年，基廷和幾位修士開始教導到修道院退修的人歸心祈禱。許多人深受這個簡單的祈禱所吸引，尤其是平信徒。

歸心祈禱創始之時只是一個單純的靈修方法，為使祈禱者能深化與上帝的關係，原與心理學是毫無牽連的。一九八三年夏天，基廷在美國新墨西哥州舉辦了第一次歸心祈禱密集退修會（intensive retreat），為期兩週，每天操練歸心祈禱五個小時，目的是要讓與會者深度浸沉在祈禱中。當時共有十二個人參加，其中兩位後來成為我的靈修導師。[8] 該次退修會帶來的結果，完全出乎人意料之外。與會者長年壓抑的眼淚、情緒、記憶，都傾瀉而出。同時他們也經歷到被洗滌、煉淨後的平安，以及彼此之間親密的情誼。基廷說，這是「潛意識的喚醒」。在默觀生活中，潛意識會逐漸被喚醒，並且會愈來愈敏銳。對潛意識的喚醒這一件事，基廷早有認識。但他絕對沒有想到會像該次退修會所發生的，那麼快速且強烈。他說，這些人在十天內所經歷的，是修道院的修士需要二十年才能經歷的。這究竟是怎麼一回事呢？他的結論是，在該次密集退修會中所發生的事，顯然與歸心祈禱的方法有關。[9]

歸心祈禱是接受性的（receptive）祈禱法，它是降服的祈禱法。祈禱者完全降服於內住心中的上帝。他的注意力是放鬆的，他的頭腦沒有一個專注的點。因此，接受性的祈禱法會促進潛意識的參與。相較之下，專注性的祈禱法必有某一程度的自我努力，因此它會妨礙潛意識的參與。基廷認為接受性愈大的默想方法，潛意識的參與就愈大、愈直接。這樣的情形更容易發生在小組密集式的祈禱退修會中。[10] 在導向默觀的接受性的默想方法中，歸心祈禱的接受性是最大的。[11]

後來基廷稱這個在密集退修會所發生的現象為「潛意識的傾倒」(the unloading of the unconscious)。它並不是一個無足輕重的副作用而已，而是一個重要的「煉淨」過程。基廷一向堅稱，需要煉淨的乃是我們潛意識裏那個不知不覺的動機。基廷以歸心祈禱為接觸潛意識的觸媒(catalyst)，找到了煉淨潛意識動機的方法。[12] 從此，歸心祈禱不再只是一個單純的靈修方法，也是一條心理成長的路。

推廣到世界各地

如今歸心祈禱這個兼顧靈性與心理成長的祈禱法已經推廣到世界各地，除了天主教徒之外，也有不少更正教基督徒(Protestants)、牧師與傳道人學習並實踐歸心祈禱。美國改革宗教會的退休牧師大衛．邁思勤(J. David Muyskens)說，自從他操練歸心祈禱以後，他發現了在靜默中與上帝相交的寶貴；這樣的祈禱強化了他與上帝的關係。他說：「歸心祈禱不是天主教的祈禱，也不屬任何宗派。它只是與上帝在靜默中相交。」他提到，有一次在天主教的靈修中心參加退修會時，他被上帝的愛所淹沒，他說：「這愛去除了一切的隔閡。」[13] 這也道出了在世界各地許多操練歸心祈禱的基督徒的心聲。

基廷和他的同工為了提供不間斷的教導與學習操練歸心祈禱的機會，於一九八四年成立全球性的組織——默觀外展網絡，其會員遍及世界各地。因著聖靈的工作，歸心祈禱也進到香港與台灣這兩個美麗的小島。台北的天主教出版社上智文化事業，在過去幾年，陸續推出基廷有關歸心祈禱著作的中譯本，讓凡有心學習歸心祈禱的人，都能透過他們熟悉的語文從基廷得到教導。[14] 香港的基道出版社也出版了兩本邁思勤牧師所著有關「歸心祈禱的操練」的中譯本，[15] 都受到不少操練歸心祈禱的基督徒讀者的喜愛。據我所知，在台灣各地都有一些渴慕上帝的基督徒在學習並實踐歸心祈禱。

當我們坐下來靜靜地操練歸心祈禱時，我們其實正參與在一個源遠流長的靈修傳統裏面，我們與古今中外的聖徒一起在聖靈裏祈禱。隨著我們與內住心中的基督的親密關係不斷加深，我們從這樣的親密關係，湧流出對人愛的服事。這就是福音默觀層面的展現。[16] 這也是保羅為我們的祈禱：「使基督因你們的信，住在你們心裏，叫你們的愛心有根有基，能以和眾聖徒一同明白基督的愛是何等長闊高深，並知道這愛是過於人所能測度的，便叫上帝一切所充滿的，充滿了你們。」(弗三 17～19)

第二部 方法

3

歸心祈禱入門

耶穌回答說：「人若愛我，就必遵守我的道；我父也必愛他，並且我們要到他那裏去，與他同住。」
（約十四 23）

天父上帝渴望，身為祂兒女的我們都能恢復當初我們被造的樣式，與祂合而為一。藉著默觀祈禱，聖靈要帶我們邁向與上帝聯合的境界，而歸心祈禱正是為減少我們進入默觀祈禱的阻礙而設計的。

認識歸心祈禱

當我們坐下來操練歸心祈禱的時候，我們在做甚麼呢？我們是懷著要親近上帝的意願，來到祂面前，向祂敞開，接受祂在我們內裏的臨在與作為，並且全然降服於祂。

歸心祈禱要帶我們歸回到我們存有的中心——三一上帝臨在之處。祂是我們存有的根、生命的源，[1] 在此我們發現，愛我們的父上帝正等著我們。歸心祈禱讓我們享受與上帝的父子關係。「你們……所受的，乃是兒子的心，因此我們呼叫：『阿爸！父！』聖靈與我們的心同證我們是上帝的兒女……」(羅八 15～16) 在祈禱的二十至三十分鐘內，我們投入天父的懷抱，與祂親密地在一起，把自己交給祂，接受祂對我們的關愛，讓祂愛我們，也讓祂的心得滿足。

在歸心祈禱的過程中，我們培養默觀所需的性情——靜默。所以，歸心祈禱是默觀祈禱的預備。基廷說，我們可以將歸心祈禱視為默觀祈禱之梯的第一階，它帶領渴慕上帝的基督徒一階一階地進深，直到與上帝聯合。一般而言，我們並不知道我們的歸心祈禱何時成為默觀祈禱，我們只知道透過操練歸心祈禱，我們是朝著默觀祈禱的方向前進。[2] 在這接受性的、無為的祈禱中，我們讓聖靈煉淨我們，除去一切與祂聯合的阻礙。

歸心祈禱是一條生命轉化之路。在祈禱中，我們與內住心中三一上帝的生命連結，並接受祂在我們內裹的作為。上帝的臨在不是靜止不動的，祂的臨在是活潑、充滿能量的。祂不斷地在我們裏面運行工作，正如以弗所書三章20節所說的：「上帝能照著運行在我們心裏的大力充充足足地成就一切」，目的就是要更新改變我們，使我們恢復當初受造時的樣式，這也是祂所要成就的工作。當我們坐下來開始祈禱時，我們就等於跟上帝說：「我在這裏，正等著祢，憑祢意行。」我們等候著，要讓上帝在我們身上作成祂所喜悅的事。若規律操練歸心祈禱，我們會漸漸地被煉淨，從種種的執著中得釋放，使我們更能以基督耶穌的心為心。

所以，歸心祈禱不只是一個祈禱的方法，它是真祈禱，是純信心的祈禱，在祈禱中，我們是向那位看不見的上帝敞開，並降服於祂。它也是啟動一個轉化生命的過程，使我們能以全人回應耶穌基督的福音與福音的價值。[3]

歸心祈禱的神學基礎

初學歸心祈禱的時候，我的疑問是：歸心祈禱的聖經根據在哪裏？它合乎聖經真理嗎？主用約翰福音十五章4至5節回答了我：「你們要常在我裏面，我也常在你們裏面。」這是我在操練歸心祈禱的過程中已有的經歷。後來在查考約翰福音時，又得到三位一體的上帝內住我心中的保證。「耶穌回答說：『人若愛我，就必遵守我的道；我父也必愛他，並且我們要到他那裏去，與他同住。』」（約十四 23）於是在我還沒有機會閱讀有關歸心祈禱的著作之前，這兩段經文已為我解惑，讓我放心操練。

「三位一體的上帝內住在基督信徒心中」的這個事實，就是歸心祈禱的神學基礎。「心」是我們全人存有的中心或最深處。內住在我們存有中心三一上帝的生命，就是歸心祈禱的根源。當我們信主、受洗歸入主的名下，聖父、聖子、聖靈就內住在我們心中。三一上帝的愛透過恩典不住地灌注在我們心裏，正如保羅所說的：「⋯⋯所賜給我們的聖靈將上帝的愛澆灌在我們心裏。」（羅五 5）

除了上帝內住信徒心中這個客觀真理之外，我們渴慕上帝的主觀經驗，也證明上帝的內住。如詩人所說：「我的心切慕你，如鹿切慕溪水。」（詩四十二 1）你現在閱讀這本書正說明了你對上帝的渴慕。然而我們對上帝的渴慕不是出自我們自己，而是因為內住我們心中上帝的愛不斷地吸引著我們，使我們渴慕祂。祂說：「我以永遠的愛愛你，因此我以慈愛吸引你。」（耶三十一 3）所以，歸心祈禱是出自上帝的生命在我們內裏的運作。

歸心祈禱的方法

歸心祈禱的方法有三個要點。只要掌握這三個要點，你將發現，這是一個很簡單的祈禱法。

一、持守堅定不移的意願

歸心祈禱所看重的是你的「意願」(intention)，而不是你的「專注力」(attention)。在祈禱中「要與上帝親密相交，接受祂在你內裏的臨在與作為，並全然地降服於祂」，這是你惟一的意願。正如《不知之雲》一書所說的：以「一份赤裸裸的嚮慕上主之情」，[4] 單單渴慕祂。只要你在祈禱的過程中堅守這個意願，那麼你是否分心就不是那麼重要了。

二、放下思想

歸心祈禱要求你在祈禱的過程中，放下所有的思想。這也是為了要堅守你的意願，不使你想要親近上帝的意願變得模糊。每當你在祈禱中發現自己在思想，就迅速地、輕輕地放下思想，然後繼續祈禱。不要自責，也不要生氣。

歸心祈禱是一條「歸回」的路：放下思想，歸回那位內住在你心中的上帝。歸心祈禱不以祈禱中「寧靜」的程度來衡量其果效，而是看重每次你被思想拉走時，是否願意回到那向著上帝敞開、對祂的臨在全然接受的心態；願意一而再地放下，一而再地歸回，即使歸回千萬次也願意。

三、使用禱語，幫助你放下思想

歸心祈禱推薦你使用禱語（或其他的神聖記號〔sacred symbol〕）來幫助你迅速、輕易地放下思想。根據《不知之雲》的教導，把你的意願濃縮成一個單字，讓它代表你要親近上帝的意願。[5] 當你被思想拉走，離開你的中心時，你就輕輕地回到禱語，讓它再度替你向上帝表達，你要親近祂並向祂敞開的意願。

歸心祈禱的規則

為了方便學習操練，基廷將歸心祈禱的方法歸納為四個規則（guidelines）。[6]

1. 選擇一個禱語作為表達你意願——要接受上帝在你內裏的臨在與作為——的記號。
2. 選擇一個舒適的坐姿，閉上眼睛，雙腳平放在地面上（不要雙腳交叉），收斂你的心，默默地將已選好的禱語放進你的意識中，告訴自己：「這個禱語就是我要接受上帝在我內裏的臨在與作為的意願的記號。」

3. 當你發現自己被思想攪擾時，輕柔地回到你的禱語。
4. 祈禱結束時，繼續閉著眼睛，靜默約兩分鐘。

歸心祈禱的規則說明

歸心祈禱的規則說明如下：[7]

規則一：選擇一個禱語

禱語是代表你要親近上帝這個意願的神聖記號。禱語是神聖的，不在於它代表的涵義，而在於它代表你的意願。你的意願乃是要向上帝敞開，接受祂在你內裏的臨在與作為。

1. 禱語最好是簡單的一兩個字。要避開會引發情緒聯想的字或詞。可先求聖靈帶領你選擇最適合你的一個字或詞作為你的禱語，例如：主、主啊、耶穌、上帝、阿爸、天父、愛、平安。禱語確定之後，先安靜在主面前，將此禱語介紹給自己。如果你的禱語是「主啊」，你就告訴自己：「『主啊』這個詞是一個記號，代表我的意願 —— 我要向上帝敞開，接受祂在我內裏的臨在與作為。」
2. 禱語不是咒語，你不需要在祈禱中不住唸誦。
3. 在祈禱中當有思緒念頭攪擾，使你離開上帝的臨在時，就輕輕地回到禱語，讓它代替你向上帝重申你要親近祂的意願。

4. 在歸心祈禱進行中，不要改變你的禱語，以免又開始思想。若要更改，則在下次祈禱開始之前。

5. 神聖的一瞥（sacred glance）和神聖的氣息（sacred breath）也是常被用來代表親近上帝這意願的神聖記號。若你選擇的神聖記號是神聖的一瞥，你瞥視的畫面必須是一般性、模糊的，如模糊柔和的光，而不是清晰、明確、具體的畫面。當思想來攪擾時，你就輕輕地朝此畫面一瞥，但不要專注於此畫面。若你以氣息作為你意願的神聖記號，當思想來攪擾時，你就輕輕地留意一下你的氣息，再回到上帝的同在中，而不要專注在呼吸上。禱語、神聖的一瞥、神聖的氣息都是代表我們要親近上帝之意願的記號。它們的功用與用法都一樣。

規則二：選擇一個舒適的坐姿

依我個人的經驗，坐在舒適的椅子上、背部伸直放鬆、雙腳平放在地面上是最舒服的姿勢。舒服的姿勢可減少分心。坐著不動是一個接受的姿態（receptive stance），表示你接受並歡迎那看不見的奧祕——上帝的同在。

歸心祈禱是接受性的、無為的，所以身心的放鬆、安靜的地方、合適的椅子、閉上眼睛都很重要。閉上眼睛是為減少分心。

請規劃時間，在精神狀態良好的時候做歸心祈禱。避免在飯後作此祈禱，因為飯後做可能會造成消化不良，人又容易睡著。若在祈禱中睡著了，就在天父的懷中睡一會兒，無須自責。醒過來時，若時間許可，繼續祈禱幾分鐘。

規則三：放下思想，回到禱語

歸心祈禱中的思想是一個籠統的名詞。任何出現在意識螢幕上的，包括所有的意念、思慮、情緒、想像、記憶、反應、評論、自我交談、官能的感覺，以及屬靈的經驗都是思想。

不要與攪擾你的思想抗爭，不趕走它，也不接待它。只要輕柔地回到禱語。事實上，在祈禱中這是你惟一「做」的事。歸心祈禱是藉著禱語的幫助，放下所有的思想，包括最敬虔的思想。在祈禱中你除了要主之外，心中一無所求。

規則四：祈禱後再靜默兩分鐘

這兩分鐘是由歸心祈禱進入日常活動的橋梁，建議你可以做以下的事：

1. 代禱。記念你周遭人的需要。我常用魏悌香牧師所教的「一言的禱告」[8]為人代禱。如「主耶穌，憐憫（賜福、醫治）某某人」。你也可以為人向上帝傾心吐意，迫切懇求。
2. 展望今天的行程或可能會發生的事，求主賜福。
3. 唸誦、聆聽「主禱文」，幫助你從深度靜默過渡到言語的世界，並整合你內在與外在的生活。在我參加的台灣信義會台中基督堂的歸心祈禱小組聚會中，我們都以唸誦主禱文結束聚會，因為這個禱文表達了歸心祈禱過程中我們所流露的願望。

以上的建議，你不需要所有都做。多數祈禱者是以唸誦、聆聽主禱文結束。重點是，不要在歸心祈禱結束之後，立刻起身，而是在上帝的同在中再流連兩分鐘。

二十分鐘的祈禱過程概況

介紹完歸心祈禱的方法與規則後，讓我們來看這二十分鐘操練過程的概況：先做預備工夫，再進入歸心祈禱。

一、預備工夫

1. 選擇一個禱語作為表達你意願的記號。將禱語介紹給自己，對自己說：「這個禱語（如『主啊』）是代表我要向上帝敞開，接受祂在我內裏的臨在與作為的記號。」（規則一）
2. 舒服放鬆地坐在椅子上（規則二）。雙眼輕輕閉上，抽離外在世界，進入你心靈的內殿。
3. 收斂心神，讓自己安靜下來。吸氣與呼氣的祈禱能幫助你安靜。例如，吸氣時說：「主耶穌基督。」呼氣時說：「憐憫我！」或是吸氣時說：「上帝的慈愛。」呼氣時說：「我的軟弱（焦慮、緊張等）。」藉由這輕柔細長的吸呼氣息，慢慢地讓自己安靜下來，放下言語、意念，然後恢復你自然的呼吸，靜默在主面前。

以上是歸心祈禱前的預備工夫。操練一段時間後，若「靜默」已充滿在你心中，這個預備工夫則可省略。

二、歸心祈禱

安靜下來後，先以口禱（用悟性、言語、意念）向上帝表達你的意願：在接下來二十分鐘，你願意持守與上帝親密相交。我的歸心祈禱小組常用的口禱是：「上帝啊，我的心向祢敞開，歡迎祢在我內裏的臨在與作為，主啊，憑祢意行。」你也可以用詩篇詩人的話表達你的意願，例如：「天父上帝，我心默默無聲，專等候祢」，然後進入二十分鐘的靜默祈禱。

這二十分鐘的歸心祈禱過程，是最關鍵也最不容易理解的。你的意願是要進到你存有的中心——上帝臨在之處，與祂親密相交。當你發現一些思想念頭吸引著你，要把你拉走遠離你的中心時，歸心祈禱的規則三告訴你，你要輕輕地回到你的禱語，讓禱語再次替你表達，你要向上帝敞開並親近祂的意願，然後繼續祈禱。

在祈禱過程中，當寧靜（沒有思想）出現時，你就放下禱語，享受短暫的靜默，接著當思想浮現了，你就再回到禱語。一旦你進入寧靜，就放下禱語，當思想又浮現了，你就再回到禱語。這是基本的操練。

但要注意的是，並不是每一次一有思想浮現就一定要回到禱語。若你意識到思想的存在，卻沒有被它拉走，離開你的中心時，你就不需回到禱語。你與主親密相交的同時，你也能與思想共存。只有當你被思想拉走，離開你的中心時，你才要回到禱語，放下思想，回到上帝的臨在中。

就這樣祈禱二十分鐘。時間到時，再坐一會兒，然後慢慢地回到你平常的意識，帶著上帝同在的意識走入你日常的生活。

對多數祈禱者而言，這二十分鐘的過程常是起起伏伏的，寧靜與思想常交替出現。只要你要親近上帝的意願堅定不移，不起身走開，聖靈在你內裏更新轉化的工作就不會停止。基廷常說，只要你沒有起身離開，天父就認為你的祈禱「甚好」。

歸心祈禱的重點不在於有美好的經歷，而在於能規律操練。我的靈修導師瑪莉常說："Just do it!"（「操練就對了！」）讓規律操練歸心祈禱來表達你要親近上帝的堅定意願。

實際的操練

1. 閱讀至此，若你的心已被歸心祈禱所吸引，請放下書本。
2. 安頓自己，吸入「上帝的慈愛」，呼出「我的軟弱」，吸入、呼出幾分鐘，讓自己安靜下來。
3. 依照歸心祈禱的規則祈禱二十分鐘。若不能一次祈禱二十分鐘，則可由十分鐘開始，慢慢增加到二十分鐘。如此的規律操練將幫助你了解本書接下來篇章的內容。

操練的注意事項

1. 每次祈禱的時間為二十分鐘。一天兩次，早上一次，下午或傍晚再一次。
2. 可用一個聲音輕柔的計時器為你設定祈禱結束的時間。
3. 不要在祈禱中尋找果效，祈禱的果效會在日常生活中出現。
4. 有時身體會出現以下狀況：癢、酸、痛或一般性不適的感覺。對於這些現象，你無須理會，或只短暫地感覺一下，就回到禱語。
5. 不要忽略讀經默想（聖言心禱〔*Lectio Divina*〕）。
6. 加入歸心祈禱小組定時的聚會，維持你對此祈禱的委身。

問題解答

在歸心祈禱工作坊或靈修會，常有弟兄姊妹提出疑問。以下解答兩個常見的問題：

問題一：歸心祈禱與佛教的「坐禪」、「默想」和「放空」有甚麼不同？

祈禱者在歸心祈禱與默觀祈禱時，通常是靜靜地坐著，也有少數是盤腿而坐。這個身體的姿勢，與佛教的坐禪（靜坐）確實有相似之處。然而，兩者的目標完全不同。

歸心祈禱的靜默坐姿代表祈禱者對那個看不見的奧祕——內住心中的上帝——完全的接受與全然的降服，以此表達對祂的愛：「雖然沒有見過他，卻是愛他。」（彼前一8）我們基督徒能操練歸心祈禱並進入默觀，是因為超越的上帝內住在我們心中，祂無條件地愛我們，接納我們，我們隨時可以與祂親密相交。這種與上帝的親密是坐禪的人無法體會或經歷的。

香港的袁蕙文博士在《京都靈旅》一書中提到，佛教與基督教的靜坐都是為了學習「活在當下」，然而兩者的目的卻有天淵之別。佛學教導的活在當下，目的是要藉此維持自我的主體性，它是以人為中心的修練。基督教靜坐的目的也是要學習活在當下，因為上帝臨在於當下。基督教的「活在當下的意思不是維持自我的主體性，乃是在當下這一刻，耶穌與我、我與耶穌這份你與我統合的關係，使我在這變動的現象世界中……真真實實地生活」，[9]這是以基督為中心的操練。

至於默想的方法，佛教與基督教亦有截然不同的著重點。佛教的默想方法著重於培養頭腦的專注力

(concentration)。他們以不住唸誦咒語培養專注，並以追求心智的清明(clarity of mind)為最終目的。生命的轉化不是他們關注的重點。基督教的默想或歸心祈禱則著重於培養意願的純潔(purity of intention)，以追求心的純潔(purity of heart)為目的。[10] 我們在靜默中，讓愛我們的上帝親自修復我們，使我們漸漸恢復當初被造的樣式。生命的更新、改變與轉化是歸心祈禱的果子。

歸心祈禱是「無為」的祈禱法。無為並不是「放空」，甚麼都不做。雖然祈禱時我們似乎是甚麼都不做，但事實是，在祈禱中我們一直都有一些微小不易覺察的動作，祈禱中我們的意志不停地在工作。放下思想回到禱語，就是我們的意志所做的動作，因為它太簡單、太輕柔，以致於令人不覺得它是個動作。祈禱中我們有「覺察」上帝同在的經歷，這個覺察也是一種微妙不可名狀的動作。我們能維持在上帝裏面的安息，是因為我們繼續表達我們的意願。這意願的表達也是一個微妙的動作。況且，聖靈想盡辦法要進入我們內裏來充滿我們。只要我們心中有一點空處，祂立刻就充滿它。所以，我們是不可能放空的。當我們覺得我們的頭腦「空了」，要知道這是一個思想，我們可以照著規則三的建議，溫柔地回到禱語。

問題二：甚麼人能學習歸心祈禱？

只要是真心渴慕愛主、想認真過基督徒生活的人，都可以學習歸心祈禱。《不知之雲》的作者認為，「每一個內心溫柔地激盪著對上帝的愛的人，即使這愛的激盪只是偶而的經歷」，都可以學習這個祈禱。[11]

甚至小朋友也可以學習歸心祈禱。聖公會的女牧師辛希雅．布爾高（Cynthia Bourgeault）在貴格會的小學就讀時，已經在靜默的敬拜中有默觀的經歷。她說：「在那深深的靜默裏，我第一次經歷到上帝是一個愛的同在，祂總是在我們身邊。」[12] 我自己從未教過小朋友歸心祈禱。但是我的一個學生陳姊妹在這方面有很美的經歷。陳姊妹在一個專為弱勢兒童設立的生活成長營服事。她在靈糧神學院上過我教的「屬靈操練」課程後，將歸心祈禱的內容簡化，以小學生能明白的方式教導他們。這些來自弱勢家庭的孩子本來是很難安靜的，在教室裏總是吵吵鬧鬧，跑來跑去。但在陳姊妹耐心教導，一再鼓勵之後，漸漸地這些孩子們能鴉雀無聲地持守靜默，從五分鐘到十分鐘，甚至二十分鐘。在歸心祈禱後，小朋友常說的一句話是：「好平安！」

人人（包括大人與小孩）都可以學習歸心祈禱，與其婚姻狀況、教育程度、職業或年齡無關。不過有兩種人例外：一是「無心」的人，因歸心祈禱是為「有心愛上帝」的人預備的；另一是罹患精神疾病的人。有精神疾病的人可先接受治療，再來學習。我有一個曾患精神疾病的朋友，她在住院期間信了主。隨著她信靠主的心日益增長，她的疾病也漸漸得到醫治。之後她「遇見」了歸心祈禱，愛上它，規律操練了十幾年。如今她是一個健康、喜樂、愛主的姊妹。

4

禱語

我們攻破……各樣攔阻人認識上帝的高壘，又奪回人心來順服基督。（林後十4～5，《和合本修訂版》）

處理致命的思想

四世紀在埃及沙漠隱修的學者修士伊瓦格斯，以〈八個致命的思想〉（“Eight Deadly Thoughts”）的論述著稱於世。他在這篇經典之作中的教導，深刻地塑造了日後基督宗教的靈修傳統。他堅稱，與我們抗爭角力的不是罪，而是思想。若我們不能駕馭自己的思想，就會受試探而犯罪；即使我們沒有犯罪，這些難以控制的思想、強烈的情緒（passion）也會攔阻我們跟隨基督。我們會因為要不斷與這些思想、強烈的情緒抗爭而分心，以致於無法關心別人，也不能在覺察上帝臨在的事上成長。[1] 二十一世紀一位美國長老會的牧師在他的著作中說，自古以來，凡以生命轉化為重的靈修傳統（the wisdom teachings）都一致地認為，處理那些在我們頭腦裏穿梭不停的思想、自我反思、起伏的情緒，以及身體的感覺，是靈性成長不可或缺的。[2] 這兩位作者，雖然相隔一千多年，卻堅持相同的看法 —— 處理穿梭在頭腦裏的思想是靈性成長的關鍵。

歸心祈禱為我們提供處理思想的方法，就是在祈禱中放下思想，回歸上帝。藉著神聖記號的幫助，我們放下思想，回到我們存有的中心，上帝臨在之處，繼續與祂親密相交。歸心祈禱推薦三個不同的神聖記號 —— 禱語、神聖的一瞥和氣息。這些記號都是代表你要親近上帝並降服於祂的意願。若你喜歡用一兩個字來代表你的意願，你可選擇以禱語作為代表你意願的神聖記號。神聖的一瞥是視覺的記號，若你選擇以此作為你意願的記號，你瞥視的畫面應是一般性的，而不是清楚具體可見的，如模糊的光，或隱隱約約安息在天父懷抱中的畫面。當你用氣息作為你意願的記號時，你只要在你的意願變模糊時留意一下你的呼吸就好了，不要不住地注意你的呼吸。[3]

我們要謹記，歸心祈禱的目的，不只是放下思想，而是要更深地與那位內住心中的主接觸。所以我們的意願是最重要的。我們祈禱，因為我們要與上帝建立關係，願意全人降服於祂。這三個神聖記號的功能都相同——代表要親近上帝，並降服於祂的意願。我們可以自由選擇最適合自己的神聖記號。

禱語的歷史淵源

藉著禱語放下思想的靈修操練，可追溯到三、四世紀沙漠教父的時代。沙漠教父早就發現人的頭腦一直在動，靜不下來。許多的思想念頭不斷地在頭腦裏面穿梭，永不止息地進進出出。他們也深知這些思想念頭阻礙祈禱。他們從耶穌在曠野受試探的經歷得到亮光。他們發現耶穌受惡者試探時，祂選擇單單引用上帝的話語回覆，而拒絕與牠們對話糾纏（太四3～10）。這些早期的默觀者發現，不與自己「內在的交談」糾纏，對發展默觀祈禱與默觀生活是一件十分重要的事。因為內在的交談必然引發縈繞不止的思想，不但破壞了內心的安寧，更阻礙了祈禱。

所以，沙漠教父說：「好吧！頭腦要動，就給它一點事做做吧！叫它反覆地默念一句話或一個詞吧！」他們稱這句話或這個詞為「禱語」（prayer word）。使用禱語的目的不是為了達到「沒有思想」的境界，而是為了使人的注意力不去追逐那些永不止息的思緒念頭，不要因而製造更多的評論。這就是最早使用禱語放下思想的例子。[4]

禱語的功用

歸心祈禱以禱語代表我們赤裸裸的意願：向上帝敞開，接受祂在我們內裏的臨在與作為（規則一）。它代表的是我們的意志（will）所做的選擇——要向那位臨在我們內裏的上帝敞開，並全然降服於祂。在祈禱中當我們被種種思緒吸引、困擾、攻擊時，我們要親近上帝並要全然降服於祂的意願，可能變得模糊。這時禱語會幫助我們。只要我們輕柔地回到禱語，聖靈就藉此「奪回人心來順服基督」（林後十5，《和合本修訂版》）。回到禱語的動作是輕柔的，基廷著名的形容是「好像一根羽毛落在一塊棉花上」那樣地輕柔。[5]禱語的功用不是要把思想推出去，而是要表達我們愛上帝的意願——要和祂在一起，並降服於聖靈在我們內裏的工作。禱語如同照相機的聚焦鏡，只是禱語所要調整的不是影像，而是我們的意願。維持意願清楚堅定，是歸心祈禱中我們惟一要做的事。

禱語只是我們表達意願的象徵或記號而已。我們不需用嘴唇或聲音清楚説出禱語，我們只需把它放在我們的意識裏。我們也不要分析禱語，或探究它的涵義，它只是一個象徵或記號。我們更不需把禱語當作咒語不斷唸誦，它沒有神奇的能力，沒有使人安靜的功能，也不能把我們帶到上帝那裏去。禱語是要幫助我們放下思想，使我們更容易被上帝在我們內裏的臨在所吸引，而降服於祂。當我們的手握著一個網球時，只要我們微微鬆手，球就因地心引力而掉落地面；同樣地，當思想吸引我們、抓住我們時，我們只要回到禱語，思想就會對我們鬆手，我們自然因上帝在我們內裏的吸引而進到祂的臨在中，在其中禱告與上帝相交。

我們用禱語來幫助我們維持愛上帝、要降服於祂的意願。但我們必須分辨動詞「思想」(think)與名詞「思想」(thought)的差異。我「在思想」(thinking)和我「有思想」(having thoughts)是完全不同的兩回事。祈禱中，我們有時會意識到我們有思想在意識的表層漂流著，這是正常的，因為我們是有意識的人。只要這些思想沒有把我們拉出上帝臨在之處，使我們分心，我們就不需用到禱語。因為我們還是留在上帝的臨在中，這些思想並沒有模糊我們愛上帝、要親近祂的意願，也沒有妨礙我們與祂的相交。但是當我們發覺我們開始與這些思想互動時，我們就要輕柔地回到禱語。因為我們在思想，我們分心了，要與上帝親密相交的意願已變模糊了。我們要讓禱語為我們再次重申我們愛上帝的初衷，然後繼續祈禱。

在祈禱中，有思想或在思想都是正常的。這些都是祈禱過程中的一部分，不要因為它們的存在而認為我們的祈禱是失敗的。基廷提醒我們，不要在祈禱中尋找祈禱的果子，因為祈禱的果子是在生活中發現的。[6] 所以，不論祈禱過程是寧靜的或是充滿思想的，常用禱語或完全不用，都不是衡量祈禱好或不好的準繩。如果我們要親近上帝的意願是清楚堅定的，天父上帝就認為我們的祈禱「甚好」。

意志的鍛煉

一再回到禱語是意志微妙的動作。聖靈藉此不斷地鍛煉我們的意志，使其養成降服於上帝的同在與作為的習慣。意志的首要任務是領受，領受上帝正是歸心祈禱最主要的工作。隨著祈禱的進深，聖靈的掌控愈顯著，我們的意志愈來愈能習慣性地降服於上帝。當我們意識到自己被思想吸引時，在被思想拉走之前，我們的意志若選擇上帝，並直接回到祂的臨在，而不用到禱語，那麼回到禱語的次數就會減少，甚至不再使用。這是耶穌所說的「警醒禱告」的操練。

然而，我們不該刻意不用禱語，乃是要讓聖靈來引導。一再回到禱語會使我們發展出一種能力，使我們能單純地和所覺察到的思想在一起，我們見證它們的存在，卻不與它們互動。這也是默觀者大德蘭的經歷，她說：「我靈魂的官能專注於天主，且收心斂神地與祂在一起，另一方面，思想卻喧嘩不已。」[7]

以溫柔對待禱語

歸心祈禱的規則三是，當有思想、意念時，就輕柔地回到禱語。英文是"When engaged with your thoughts, return ever so gently to the sacred word."。[8]其中"ever so"這兩個英文字強調溫柔的重要。那麼，如何能以溫柔對待禱語呢？溫柔是可以學習與操練的。在歸心祈禱中，練習以放鬆的心回到禱語，不要使力。分心時，輕輕鬆鬆地讓禱語來幫助你。使力過度會使你的祈禱僵化，攔阻你與上帝建立活潑的親密關係。當你覺察自己在祈禱中用力太過時，你就學習放鬆，溫柔地對待自己，不自責，也不生氣。你也可以在日常生活中去體會溫柔的感覺：輕輕地抱起一個新生兒，輕拂你所愛的人的臉頰，看著花兒在陽光中慢慢展開的模樣。操練不用頭腦去思想，單單用你的肢體與感官去體驗這些溫柔的經驗。

放下該如何溫柔的想法與技巧，好讓你的內心有更大的空處給上帝。上帝是溫柔的，祂會親自教導你如何以溫柔的心態祈禱，並賜給你祂的溫柔。這樣，祈禱時你不用想要如何溫柔了。溫柔成為你的性情，溫柔就在你的祈禱中。[9]

問題解答

問題一：在祈禱過程中，需要不住地使用禱語嗎？

初學時，我們可能會常常用到禱語。使用禱語的好處是，我們一再將禱語介紹給我們的意識，使我們被種種思想吸引而分心時能敏捷地回到禱語，不致於被拉出上帝臨在之處。然而，若我們可以不受到這些思想的吸引，還是停留在上帝的臨在中，便不需使用禱語，只要繼續祈禱就好。

問題二：禱語有可能永遠消失，再也不需要用到嗎？

當我們進到深度寧靜時，禱語就消失，我們不需要它。但是這樣靈裏平安、寧靜的經歷，通常都無法持久不變。所以，當我們失去寧靜，思想再度來襲時，我們又要回到禱語。

問題三：有些字或詞對我們較有意義，或它們的發音聽起來令我們覺得舒服，選擇這些字、詞作為我們的禱語合適嗎？

一個字或詞的意義或聲音都不是我們要追逐的。禱語只是代表我們的意願，當我們選擇一個字或詞做為我們的禱語時，我們就讓這個字或詞單純地作為親近上帝並接受祂在我們內裏的同在與作為的記號。我們不去探索禱語對我們個人的意義，也不從它尋求情感上的慰藉。

5

穿梭不息的思想

若有人要跟從我，就當捨己，背起他的十字架來跟從我。（太十六24）

歸心祈禱中的思想

人是理性的動物，人會思想。在學習歸心祈禱的初期，最令我們感到困擾的，就是在我們頭腦裏穿梭不息的思想。既然頭腦會不住地轉動是人性的特徵之一，我們在操練歸心祈禱時，若要力求達到完全沒有思想，是不切實際的。我們不是要達到沒有思想的境界，乃是要學習放下思想，不執著於它們。在歸心祈禱的工作坊，我總會特別說明祈禱中常出現的思想類型，以幫助我們在這些思想出現時立刻認出，並及時放下，而不至於讓它們阻礙我們的祈禱。

歸心祈禱中提到的思想是一個籠統的名詞，其涵蓋的意思甚廣。思想不只是頭腦的意念，任何出現在意識螢幕上，會把我們從我們的中心拉出來，使我們離開上帝臨在之處的，都是思想（請溫習本書第三章〈歸心祈禱入門〉的規則三，頁 47）。思想其實並不是那麼容易被清楚地劃分，我們也無須刻意將歸心祈禱中出現的思想分門別類。不過，基廷與潘寧頓在他們的著作中，都把思想分成五大種類，[1] 以方便呈現的架構，幫助我們了解歸心祈禱中的種種思想。

簡單的思想

第一種思想是來自人的頭腦會不停轉動的天然傾向。這些常是簡單的思想，其特徵是不帶情緒的色彩。這類思想常在剛開始祈禱時出現，例如：外面的雜音；在禱告之前正在做或正在想的事，包括需要回覆的電話或信件、隔天的考試、未完成的講章、忽然閃出的一個記憶、白天在辦公室發生的事、未來的計劃、等一下要去接小孩、今天晚餐的菜單等等。

基廷以河流比喻人的意識（請看圖一：「意識之河」，本書頁 116），成千上萬的念頭不時湧出，漂流在我們意識之河的河面上，這些漂流物都要抓住我們的注意力。基廷說，把這些思想都當作是從意識之河漂過來的「船」，讓它們漂過去就好了，不必理會。盧雲（Henri J. M. Nouwen）說，這些令人分心的思想如同不速之客，不理會它們，它們自覺沒趣，就會走掉。[2]潘寧頓的建議是：「不趕走它們，也不招待它們。」[3]幸好這些簡單的思想沒有甚麼情緒色彩，吸引我們的力量不強，通常它們自己會慢慢地安靜下來，或者我們會漸漸地對它們聽而不聞，視而不見。

如果這些簡單的思想對我們的吸引力愈來愈大，把我們拉出我們的中心，離開上帝在我們內裏的臨在，我們就要輕柔地回到禱語，從這些思想轉向對上帝愛的注視。也就是說，藉著禱語的幫助，讓注意力從河面的漂流物移向河流本身。上帝的臨在就在河流的深處。起初我們會因常用到禱語而感到挫折，但假以時日，我們會慢慢地培養出能與這些思想和平共存的能力。一方面意識到有些思想在意識表層的河面漂流著，同時我們又被上帝那無法名狀的同在吸引著。所以，我們不需因思緒繁多而感到困擾。若我們被這些思緒從深處拉了出來，我們只要回到禱語，它們便抓不住我們，我們又立刻回到上帝的臨在中，繼續與祂相交。

充滿情緒的思想

第二種是充滿情緒的思想。當我們對從意識之河漂過來的簡單思想中的某個思想感到興趣，被它吸引，我們的注意力也跟著它走時，這第二種思想就出現了。同時，我們可能發現自己對它們投注了情感，可能會有喜悅或厭惡的感覺。這些都會阻礙我們正在培育的性情：在上帝同在的奧祕中，懷著愛的關注等候祂。

基廷說，這種充滿情緒的思緒，好像是從我們意識之河漂下來一艘亮麗的船，對我們具有特別的吸引力。它會令我們想要上船去探個究竟。我們若上了船，就會隨著河流漂走了，因為在某種程度上，我們已與這種思想認同，於是離上帝更遠了。

這種思想帶著情緒的鉤子，好像釣魚竿一樣，探入我們意識的河流，要我們上鉤。如果你感受到聖靈溫柔地提醒著你原先的意願是要向上帝敞開，與祂親近，而這時你卻抗拒著，心想：「讓我繼續想下去！等一下再回來吧！」你就知道，你已被思想鉤住了。[4]

這時你該做的，就是立刻輕柔地回到禱語，再次向上帝表達你要親近祂的初衷。回到禱語使你得釋放，不再執著於那些吸引你的思想，而回到原先對上帝的專一。這是以純信心接受上帝內住在你心中的舉動。這個「歸回」是很輕、很柔的，用基廷的另一句話來形容，「像一滴露珠落在一根草上一樣」。[5] 我們不要因為有這些思想情緒而生自己的氣，否則我們會離開我們的中心更遠，又回到意識之河的表層了。當我們溫柔地回到禱語，我們也同時在學習溫柔地對待自己。

「閃亮的思想」

第三種思想常在我們已開始享受某一程度的寧靜時出現。可能是我們忽然得到對某件事的洞見、亮光、頓悟、或心理上的突破，例如在剎那間得到主日信息的大綱，或是某一個問題的解決方案。這類思想都是要我們上鉤的餌，要把我們從內在的靜默中拉出來，潘寧頓稱之為「閃亮的思想」。若我們去追逐這些閃亮的思想，我們必會繼續思想下去，而離開上帝的臨在。我們應該做的，乃是輕輕地回到禱語，繼續祈禱。這些看似寶貴的洞見、靈感、信息，多數是不成熟的，若它們真來自聖靈，它們會在祈禱結束後再度回到我們的意識中，我們不會失去它們的。

我們也可能會在祈禱中有強烈要為人代禱的意念，但這二十分鐘並不是我們為人代禱的時候，而是上帝向我們說話的機會。上帝向我們說話，不是向我們的耳朵、情感、頭腦說話，而是對我們的靈，對我們存有的最深處說話。此時代禱會像插嘴一般。我們應該讓這樣的意念漂過去，輕輕地回到禱語。在歸心祈禱之外，另外安排一段為人代禱的時間。

對神學家、傳道人、神學生而言，要放下敬虔的思想、寶貴的亮光與靈感，特別不容易。但我們若要學習歸心祈禱，就必須把這些經歷放下。我們若跟著這第三種思想走，就不能進入我們存有的最深處。我們好像一條魚，悠游在深水中，覺得被上帝的愛所包圍；惡者嫉妒我們與上帝的親密，便把各種美味的餌丟到我們面前，我們只要咬一口，就被釣到岸上，遠離了上帝的臨在。

所以，我們操練歸心祈禱的時候，必須放下每一個思想，不論它是多麼敬虔，讓這二十分鐘是我們內心靜默的時間。上帝喜悅我們聆聽祂靜默的聲音（sound of silence）。以利亞先知在何烈山上所聽見的，是耶和華上帝靜默的聲音（王上十九 9 ~ 13）。在這內心靜默的時間，上帝正在對我們的靈（我們存有的最深處）說話，祂說的是我們肉體的耳朵聽不見、也不能明白的聲音。我們內裏的靜默愈深，上帝在我們內裏的工作也愈深，即使我們不自知。這就是為甚麼心靈的靜默比任何的亮光都更為寶貴。

我們若接受「閃亮的思想」，跟著它們走，我們便不能進入內心最深的地方。所以，不論這種思想多麼富有魅力，我們都要放下它。在歸心祈禱中，我們培育的是「純潔的動機」。除了要主，與祂親密，降服於祂之外，我們心中別無所求。這是我們坐下來祈禱時惟一的動機。淨化內在的動機在基督徒屬靈的旅途中相當重要。

反思

第四種思想是反思。我們正享受著深度的寧靜，沐浴在上帝的愛與光中，上帝的恩膏在我們的深處膏抹、醫治我們。這時也沒有思慮、畫面出現。我們可能會對當下正在發生的事做一反思，心想：「喔，我終於到達了。」、「這平安真棒！」或「我要記得怎麼進來的，明天我一定要再來。」

這時我們有兩個選擇，繼續思想正在發生的事，或放下這樣的經歷，繼續祈禱。若選擇前者，我們在瞬間就會被拉出河面。基廷說，我們要抓住上帝的同在，就像要抓住空氣一樣，是不可能的。在祈禱中我們要學習的是放手。這並不是說，我們不能享受好東西。我們要放下的是我們的執著。這些執著阻礙上帝的恩典在我們內裏湧流，使我們不能享受上帝。

潘寧頓稱這類思想為「監視者」，它們監視著我們祈禱的進展。他說，歸心祈禱是很單純的，它只要求我們兩隻眼睛同時注視上帝。當我們想著：「喔，我終於到達了」，是因為我們有一隻眼睛看著自己，想要知道自己做得好不好。主的誡命是「你要盡心、盡性、盡意愛主——你的上帝」(太二十二37)。在祈禱中我們不看自己，我們的雙眼單單注視主。「監視者」是歸心祈禱最難纏的敵人。歸心祈禱要求我們向自我死。

源自潛意識的思想

第五種是從潛意識裏出來的思想。任何靜默的、超越思想的祈禱都會啟動內心煉淨的動力。這個動力(dynamic)有如神性的心理治療(Divine Psychotherapy)。這個動力促使我們藉著種種思想的浮現，將儲存在體內的心理、情緒、或神經方面的緊張釋放出來。這就是基廷所說的「潛意識的傾倒」。

在潛意識傾倒的過程中浮現的思想，常與我們近期所發生的事毫無關聯。前面所提到的第二種思想也是充滿情緒的，但它們通常是由近日所發生的事所引發的。第五種思想則源自潛意識，這些思想、情緒往往來自儲存了一輩子的陳年往事或累積幾十年的舊傷，而與近日所發生的事完全不相關。對這些儲存物，我們往往是不知不覺的。

在潛意識傾倒的過程中，當這些充滿情緒的思想從潛意識衝進我們的意識裏時，我們可能會招架不住。這時我們就要回到禱語，這是處理這些情緒最好的方法。潛意識的傾倒會倒空我們的潛意識，除去障礙，讓上帝的恩典在我們的心智、情緒、身體內自由地湧流，來煉淨、醫治、更新我們。

放下的操練

對這五種由意識之河漂過來的思想最恰當的回應之道是，不抗拒任何思想，不抓住任何思想，不對任何思想做情緒反應。我們一旦發現被某些思想吸引時，就輕輕地回到禱語。[6]

「放下」(letting go)，不去思想我們在做甚麼，是歸心祈禱面對種種思想的正確態度。放下是讓上帝來做。歸心祈禱鍛煉我們不斷放下。最寶貴的亮光，最奇妙、最愉悅的屬靈經歷，我們都要放下。我們不將其據為己有，我們不抓住它們，將它們通通放下，這是微妙的捨己。歸心祈禱是無止境的捨己操練。捨己是跟從基督的條件，耶穌說：「若有人要跟從我，就當捨己⋯⋯」(太十六 24) 在歸心祈禱中，我們甚麼都不要，我們只要主。

問題解答

問題一：在歸心祈禱中，我的意識裏浮現一套很好的服事計劃，我可以把它寫下來嗎？

可以，寫下之後，再從頭開始祈禱就好了。但你也可以做另一個選擇。把這個看似美好的服事計劃放下，輕柔地回到禱語，然後繼續祈禱。讓禱語替你向上帝重申你的初衷：在此二十分鐘的祈禱中，只要向祂敞開、親近祂、降服於祂。祈禱結束後，這個計劃若真是來自聖靈，它會再度出現在你的意識中，你不會失去它的。若你做了第二個選擇，你就是向上帝表達：你祈禱是因為你只要祂，你心中別無所求。你祈禱的動機會愈來愈純潔。

問題二：在祈禱的時候，我想起不久前耶穌來跟我說話的那一幕。對我而言，那是很寶貴的經歷。連這樣溫馨的回憶我也要放下嗎？

是的，要放下。當抹大拉的馬利亞在空墳外遇見復活的主的時候，主對她說：「不要拉住我。」(約二十 17，《和合本修訂版》; 另參 New International Version 英文聖經〔簡稱 NIV〕是 “Do not hold on to me.”)連這樣與復活的主親密相遇的經歷，主耶穌都要馬利亞放下。祂不要我們執著於任何的屬靈經歷，即使是最奇妙最寶貴的經歷、異象都要放下。因為，如理查．羅爾（Richard Rohr）所說的，前一回經歷上帝的經驗，往往就是下一次經歷上帝的最大障礙。[7] 我們只要把所領受的都交回給上帝，我們便常常是空的，有更多的空處給祂。[8]

問題三：祈禱時我有許多思想，很困擾我。若我恆心操練，這樣的情形會改善嗎？我的思想會愈來愈少嗎？

不要把思想當作是惡的，思想有它的價值。上帝容許思想、感覺、記憶、情緒流過我們意識的表層，來解除我們內在的緊張。在歸心祈禱中，我們將自己獻給上帝，我們是屬祂的。我們的思想、情緒、記憶也都是屬於祂的。所以，我們只要放下，讓祂進來用這些思想去做祂喜悅的事。[9] 操練一段時間之後，我們的思想會減少，但我們幾乎不可能達到沒有思想的境界。然而，我們會愈來愈不執著於自己的思想，愈來愈不受它的影響，我們更能與上帝全心全人地在一起。[10]

問題四：音樂使我可以安靜下來。歸心祈禱時，我可以播放柔和的音樂嗎？

在進入歸心祈禱之前，你可以播放柔和的音樂，直到你安靜下來。一旦安靜下來後，就把音樂關掉。

上帝是在靜默中對我們説話的。歸心祈禱為我們培育心靈的靜默，使我們能聽見上帝的聲音。因此在歸心祈禱時，我們要把外來感官的刺激盡可能地降到最低，包括柔和的音樂。

6

聖言心禱

聖經都是上帝所默示的，於教訓、督責、使人歸正、教導人學義都是有益的，叫屬上帝的人得以完全，預備行各樣的善事。（提後三 16～17）

聖言心禱的歷史淵源

聖言心禱是古老的祈禱方法，它是聆聽上帝的話、用上帝的話祈禱的靈修操練。聖言心禱是熱愛上帝話語的表達，這個傳統其實是猶太人留給我們的禮物。猶太人一向重視聆聽上帝的話。「以色列啊，你要聽！」是在舊約聖經中常出現的一句話。而在福音書中，我們也看見十二歲的耶穌在聖殿裏，坐在教師中間，一面聽上帝的話，一面發問（路二 46）。

聖言心禱的拉丁文是 *Lectio Divina*，可能是在

二、三世紀教父時期就有。這個歷史悠久的靈修操練，在中世紀更盛行在各地的修道院中。拉丁文 *Lectio* 的意思是「閱讀」，*Divina* 的意思是「神聖」。*Lectio Divina* 就是「神聖的閱讀」。*Lectio Divina* 常被簡稱為 *Lectio*。修士們相信聖經是上帝的話，透過記憶、背誦與不斷地聆聽，他們就能沐浴在聖經的話語中。早期的修士、信徒中多有不識字者，常由一位會閱讀的修士朗誦經文給他們聽。當一句話觸摸了他們的心，他們就停下來反覆默唸思想，求上帝藉那句話賜下當天的靈糧。[1] 所以，*Lectio Divina* 這個靈修操練是為了要得靈糧，而不是為了要得知識。更重要的是，它是對上帝的信心、專注、與降服的操練。

Lectio Divina 有幾個不同的中文翻譯。二〇一三年我在靈糧神學院教授「屬靈操練」時，中午常與當時的輔導主任葉美珠老師一邊用餐，一邊談話交通。我們都覺得 *Lectio Divina* 需要一個能更貼切表達其過程的中文翻譯。幾經討論、推敲後，我們決定將 *Lectio Divina* 翻譯成「聖言心禱」。我們認為這個翻譯適切地表達出在操練的過程中，以心靈的祈禱回應聖言的層面。從此，我們的學生（中台神學院與靈糧神學院）以及在台灣各教會學習屬靈操練的弟兄姊妹，開始使用「聖言心禱」這個翻譯。

讀經的動機與目的

讀經常見的動機有兩個——得知識，或得塑造。前者是為得到資訊而讀（informational reading），後者是為接受生命的塑造而讀（formational reading）。

搜尋資訊的讀經特色是重廣度與速度，常分析與批判，是功能性的閱讀。這種讀經法幫助我們掌握客觀的聖經知識。掌握聖經的客觀知識有其價值，然而讀經若只為了得到知識，我們的靈命成長必將受限。因為這種讀經法沒有給上帝介入、對我們説話的空間。

塑造生命的讀經特色是重深度過於廣度，重質不重量，目的是要遇見上帝，讓經文探入我們心靈的深處，甚至動搖「假我」的根基（有關「假我」的説明，請看第九章〈踏上屬靈的旅途〉，頁 125～127）。我們讓經文掌控我們，我們是經文的僕人，只行它要我們行的。我們放下分析與批判，以謙卑的心，向上帝的奧祕敞開。這樣的讀經讓我們能在經文中遇見上帝，使我們的假我被塑造成基督的樣式。[2]

聖言心禱——與耶穌建立友誼的過程

聖言心禱是塑造生命的讀經，它不只是一個祈禱的方法，而是與耶穌建立親密友誼的「過程」。耶穌說：「我不再稱你們為僕人……我乃稱你們為朋友，因我從我父所聽見的，已經都告訴你們了。」（約十五15）友誼是雙向的，有來有往，有聽有說。當我們與這位神聖的朋友交往時，要讓祂先說話，讓祂透過祂活潑的道對我們說話。我們也當對所聽見的信息作出回應。簡言之，聖言心禱就是與這位最特別的朋友、全能的上帝相遇；聆聽祂，以親密的祈禱回應祂，並且帶著祂的話走入我們的生活中，讓祂的話塑造我們的生命。[3]

操練聖言心禱時，我們帶著渴望生命得塑造的心打開聖經。我們以信心閱讀上帝的話，相信聖經是上帝所默示的，我們以愛，閱讀天父上帝寄給我們的愛的書信。我們求聖靈賜給我們屬靈的悟性，使我們能「讀主言，入主心」，以基督耶穌的心為心。

聖言心禱的過程

聖言心禱的過程，有如與我們所愛的人培養親密關係一樣。我們與所愛的人之間愛的關係的成長，是透過認識、信任、渴望、降服，最後將自己全然地交付於我們所愛的人。我們培養與上帝的親密關係的過程亦然。這正是聖言心禱透過逐漸進深的祈禱層次所要表達的過程。這個逐漸進深的祈禱層次有四個步驟：**閱讀**（*lectio*）、**默想**（*meditatio*）、**心禱**（*oratio*）、**默觀**（*contemplatio*）。[4] 它是一個流動的過程，由閱讀、默想上帝的話，到從內心湧出向上帝的祈禱，最後靜默地在愛中與上帝同在。它也暗示著，在我們屬靈旅途的過程中，我們一步一步走向上帝，直到深入三一上帝的生命裏。[5]

這個流動的過程是活潑的，而不是死板、機械化的步驟。我們隨著聖靈的帶領，不作主、不操縱。我們以全人投入，包括我們的身體、感官、理性、情感、意志力、想像力和記憶。

一、閱讀

選一個安靜、不受干擾的地方，帶著要在經文中與主相遇的渴慕之心，安靜自己，放鬆身心，收斂心神。提醒自己，你已進入「信心」的領域。在這神聖的空間，體會上帝的臨在。選一段經文，約十至十五節為宜。慢慢地、反覆閱讀，或出聲誦讀經文；一邊閱讀，一邊聆聽。這時上帝的話在你口中。你以「主耶穌正透過這段經文對我說話」的心態，留心聆聽。當你覺得某一節經文，或某一句話特別吸引你，使你開始思想它對你個人的意義時，你就進入默想。

二、默想

這時上帝的話在你的思想中。像馬利亞一樣，將剛才感動你的那一節經文或那一句話，放在心中反覆思想。不要分析，也不要用腦過度，只將上帝的話細細地咀嚼再咀嚼，如同牛吃草反芻一般。安居在上帝的話中，沉思它對你個人的意義。問主：「主啊，這句話這麼地感動我，祢要對我說甚麼嗎？」接著留心聆聽。要以信心、耐心等候，不要急著給自己標準答案。也不要輕看熟悉的經文，以為它太熟悉了，就不再能觸動你。當你向上帝的奧祕敞開時，即使耳熟能詳的經文也能以全新的亮光帶給你驚喜。

默想有情境的經文，如福音書中的故事時，可以運用想像力走入經文中，身歷其境去體會默想那段經文（請看下文的導引與範例）。當你得到主給你個人的信息時，你會想要以愛回應祂。這時你就進入心禱。

三、心禱

現在上帝的話在你的心中。你得到主給你的信息，感受到祂的愛，並渴望以愛回應祂，你敞開心向主祈禱。這正如詩人的經歷：「我默想的時候，火就燒起，我便用舌頭說話。」（詩三十九3）你以從內心湧出的禱告回應默想時得到的信息，也就是經驗早期教父所說的，讓你的「頭」進入你的「心」。你向上帝傾心吐意，表達你對祂的渴慕，與祂作感性的對話。你獻上感恩、讚美、祈求、認罪、悔改，表達對美德的渴望。在心禱時，你的心向上帝敞開，也被上帝打開，讓祂的光得以進來，聖潔的渴望油然而生。

四、默觀

心禱是祈禱者回應上帝的話語，默觀則是上帝回應祈禱者的禱告。心禱一段時間後，你的話語、心思會愈來愈簡單，你漸漸地放下話語、意念，進入靜默，單單安息在上帝的同在中。

六世紀末的大貴格利認為，默觀是默想上帝話語的果子，也同時是上帝寶貴的禮物。他說，這個禮物就是在上帝裏安息（請溫習第一章〈歸心祈禱與默觀〉，頁 22～23）。默觀是上帝賜予的禮物，我們無法強求。主權全在乎上帝，門把在門的內側，只有祂能開門。我們能做的是閱讀、默想、心禱，然後進入靜默，安息在上帝裏面。

操練聖言心禱的實例與導引

以下分享我用約二十分鐘操練聖言心禱的過程與經歷，以作為讀者操練聖言心禱的導引。

經文：創世記二章 4 至 9 節

預備：安靜，收斂心神，求聖靈帶我進入真理。

過程：

1. 閱讀

我先以敞開的心閱讀經文，反覆輕聲誦讀，讓我的舌與唇參與閱讀。我閱讀四、五遍；一邊誦讀，一邊聆聽。我相信聖靈要透過這段經文對我說話。當我讀到 8 節的「安置」這兩個字時，我的心被觸動，於是我停止閱讀，進入默想。

2. 默想

我進入默想。我反覆默唸著「安置」這兩個字，沉思它對我個人的意義。我問主：「主啊！『安置』這兩個字觸摸了我的心，祢要對我說甚麼呢？」在反覆思想中，我安居在「安置」的這個詞中，耐心地、被動地等候經文向我說話。我視這段等候的時間為永恆。我耐心地等著，不理會時間的流逝，也不急著進到下一步驟。

不久，主在我心中細語，我側耳專注聆聽。主說：「亞當是我的兒子，他長得很像我，是我所愛的。我把我所愛的『安置』在這個美麗豐富的園子裏，因為在這裏，他和我，我和他要天天同行共話。我要教導、訓練他成為一個順服的兒子。」我寫下我所聽見的，然後繼續靜默聆聽。

主又說：「女兒啊，你也是我所愛的。我把你『安置』在你目前的處境裏，這裏就是你的伊甸園，或許你不以為然，但你要知道有我同在的地方就是伊甸園，在其中快活地生活吧！聖靈是內住在你心中的教練，祂隨時與你同在，要鍛煉你成為我順服的女兒。」

3. 心禱

這時主的話已進入我的心中，深深感動著我。我向天父上帝說：「父啊，感謝祢，有祢同在的地方就是伊甸園。求祢讓我在任何處境中都能向祢敞開，與祢同行共話，親密相交。將祢的眼光賜給我，讓我在最黑暗的地方也能看見光明與美善。謝謝祢賜給我一位時刻與我同在的聖靈，使用我生命中的每一個境遇，來更新轉化我，使我成為祢順命的孩子。我只要祢所要，求祢所求，此外，父啊，我心中別無所求。」

4. 默觀

禱告到此，我就進入靜默，安息在上帝的臨在中。然後以主禱文結束。我另找其他的時段做歸心祈禱，享受和主在一起的甜美。

後記：

操練兩天後，這段經文繼續吸引著我，想到「安置」時，在我的意識螢幕閃出一個畫面。三十年前我住在美國的好友林姊妹從台灣領養一個小女嬰。女嬰還沒到美國前，林姊妹邀我到她在長島的家，她帶我到一個小房間。她說，這是她即將來到的女兒的房間。我一踏進去就知道這是一間專為女孩精心設計的房間，牆壁上貼著以白色為底灑滿粉紅碎花的壁紙，十分可愛。房間裏還有可愛的小玩具、擺飾。她拉開衣櫥，裏面掛滿了女童裝。林姊妹本身是童裝設計師，衣櫥裏的每一件女童裝都是她自己設計、親手縫製的。我置身在她為即將來到的女兒預備的房間中，分享著這位未來的母親滿滿的愛與期待。

　　這個畫面閃過後，我又回到創世記的默想，更深地看見，耶和華上帝將亞當「安置」

在祂精心設計的伊甸園的這個舉動，完全是出於祂筆墨無法形容的愛。於是，我被這無法言喻、無法測度的愛所淹沒了。我無法用言語禱告，只單單靜默在天父上帝的臨在中，讓這愛淹沒我，進入了默觀。

操練想像默想的導引與範例

當我們以有情境的經文操練聖言心禱時，我們可以運用想像力進入默想。耶穌會的創始者羅耀拉的依納爵（Ignatius of Loyola）教導說，福音書中的每一個故事，不只是過去的歷史事迹而已，同時也可以是我們與耶穌相遇的場景。我們可以活潑地運用想像力，重活在福音故事的事件中。「不是做一個置身事外的旁觀者，而是做一個積極的參與者。親身投入每一個事件中，以五官逐一經歷故事裏的種種細節。」[6] 我們運用我們的感官去看、聽、嗅、嘗、觸摸，例如：想像經文中的事物、人物時，我們在想像中看見人的衣著、容貌、臉上的表情；我們也聽見他們的聲音：談話聲、歡笑或歎息；我們聽見大自然的聲音：水聲、風聲、鳥鳴；我們聞到不同的氣味：花香、烤餅、烤魚的香味；我們感覺到砂石、樹幹的粗糙。[7] 就這樣，在想像中，我們設身處地走入正在上演的故事情境中，與主耶穌相遇。運用想像力的默想使聖經信息變得更內在化與個人化，加深我們與主的相交，也轉化我們的生命。

以下是操練想像默想的導引範例：

經文：馬可福音十四章 32 至 42 節

預備：安靜、放鬆、收斂心神。求聖靈潔淨你的全身、全人，包括你的理性、想像力、記憶，並帶你進入真理。

過程：慢讀經文數次。帶著要與主相遇的渴望，運用你的五官的經歷（看、聽、嗅、嘗、觸摸）走入此段經文的情境中。

在這園子裏你看見了甚麼？你可能看見太陽正下山，幾棵橄欖樹隨風搖曳，大石頭、小碎石，同伴們、耶穌一臉的倦容……；你聽見了甚麼？你可能聽見風聲、蟲鳴、同伴們的聲音、耶穌的説話……；你觸摸到甚麼？粗糙的樹幹、樹根、砂石，涼風吹拂過你的臉……；你聞到甚麼？樹林中清新的空氣、緊張的氣氛……。就這樣讓自己置身於客西馬尼園中，想像體會當晚園中的情境與氛圍。

然後，你想像自己是門徒中的一個，並以這個門徒的身分思想整個過程，成為這個福音故事中的一個積極的參與者。體會自己的心境與感受，留意自己情緒的起伏（喜樂、悲傷、恐懼、憤怒、困惑等），以及身體的反應。例如，一位姊妹在用這段經文操練想像默想後，分享她看見耶穌「驚恐」的臉，聽見祂說「我心裏甚是憂傷，幾乎要死」（可十四 34）時，她的喉嚨就變緊，想哭。在想像默想中，容許自己去體會類似這樣的心境與感受。

在此情境中與主耶穌相遇是操練想像默想的主要目的。當你與主面對面時，留意主溫柔的眼神，體會祂對你的愛。對你而言，祂是怎樣的一位主？祂對你說了甚麼話？留心聆聽。讓祂的話深深地浸透你。然後回應主的話，或向祂傾心吐意，或靜默地安息在祂面前。

以下分享我個人用這段經文操練想像默想的經歷：

我想像自己是彼得。我與上述的姊妹一樣，耶穌驚恐憂傷的面容令我十分難過。接著我聽到主耶穌說：「我心裏甚是憂傷，幾乎要死；你們在這裏等候，警醒。」(可十四 34) 在此瞬間，我立刻體會到主需要我的支持與我的陪伴。三年來祂第一次有求於我。此刻主正需要我！我內心湧出堅定的決心：「主，我一定陪在祢身邊，和祢一起警醒禱告。」

我看見耶穌往前走，俯伏在地上禱告。天色已暗了，晚風吹拂著，我隱隱約約地聽到祂的禱告聲。我想與祂一同警醒禱告，可是身不由己，覺得好睏倦，眼睛睜不開，於是我睡著了。

不知睡了多久，忽然聽見耶穌叫我：「你睡覺嗎？不能警醒片時嗎？」(可十四 37) 我一睜開眼，看見祂憔悴的臉是那麼失望、孤單，我好內疚、好慚愧。我知道我讓主失望了。祂只要求我與祂一同等候、警醒，我竟做不到。

我想主應該會大大責備我一番。可是主卻沒有這樣做，祂溫柔地對我說：「你們心靈固然願意，肉體卻軟弱了。」(可十四 38) 這時，我感受到主無限的體諒，我既羞愧，又感動。祂知道我有想要陪伴祂、與祂一同等候和警醒的決心。祂也知道，我實在太累了，心有餘而力不足。我的內心湧出被了解的感動，我就安靜在主面前。

過去親人、朋友令我失望時，我受傷、生氣、埋怨的情境一幕一幕在眼前閃過。啊！我是個不會體諒人的人。於是，我求主：「我要以祢對待我的態度，對待我周遭的人。請把祢體諒人的心賜給我。讓我能體諒人，如同你體諒我一般。」

透過這次的想像默想操練，我得到的果子是人際關係的大翻轉。我的人際關係有很明顯的改變。若我從親人或朋友那裏得不到我期待得到的幫助時，我自然會想：「他不是不願意，而是他不能」或「他不是不願意給，而是他沒有」。我因此快樂多了。我身邊的人也似乎感受到我的改變。

有一次我回台灣辦喪事，在千頭萬緒中，我處處需要親人的幫助。但我總不向親人要求過於他們所能給的。我總是告訴那些已盡力在幫我的親人：「先照顧好你自己的身體、家庭、事業，有餘力再來幫助我。」我不要他們因有時做不到而內疚。喪事辦完，在家庭禮拜中，一位親人對我說：「你真是一個明理的人。」

這次的默想也轉化了我的生命，我學到耶穌體諒人的心。這「體諒」有如潤滑油一般，使我與人的互動更愉快、更順利。正如王志學所說的，在這樣想像默想的過程中，「我們會被引導把福音書的事件與自己切身的生活聯繫起來，使我們經歷醫治、釋放或光照」。[8]

選擇默想的經文

操練聖言心禱時，我們該選擇哪些經文？保羅對提摩太說：「聖經都是上帝所默示的，於教訓、督責、使人歸正、教導人學義都是有益的，叫屬上帝的人得以完全，預備行各樣的善事。」（提後三 16～17）所以，整本聖經，從創世紀到啟示錄，都是我們默想的資料。有一位隱修士用了四十年歲月默想整本聖經五次；他樂在其中，天天如此領受靈糧。[9]

初學者先從福音書開始是絕不會錯的。默想福音書，使我們沐浴在耶穌基督的言行與生活中，更能以基督耶穌的心為心。默想耶穌對門徒所說的話是許多人的最愛。一位修士說：「我喜歡用耶穌用的字句來祈禱。」接著，我們可以進到保羅那對上帝的奧祕充滿亮光的書信。詩篇則是人人喜愛默想的資料庫。古代的修士能背誦一百五十篇詩篇，天天背誦、默想、咀嚼、聆聽，從中領受靈糧。

教會提供的年曆，如信徒箴言，每天都有一段經文，我們可按照此年曆默想。我們也可用教會使用的共同靈修材料來默想。這樣我們就能與教會的弟兄姊妹一起聆聽、默想同一段經文。

與主內肢體一起聆聽聖言，常成為上帝賜福的管道。台中基督堂有兩個歸心祈禱小組，在吳綺芬主任牧師的帶領之下，分別在週四晚上和週六上午聚會。在聚會中，我們操練歸心祈禱與聖言心禱。聖言心禱的經文，是取自邁思勤牧師的著作所提供的每日經文。[10] 我們先各自在家默想，然後在聚會中分享個人得到的信息。每個人得到的亮光都不一樣，分享時我們彼此餵養，常覺得我們參加的是豐盛的屬靈筵席。這是弟兄姊妹默想同一段經文的好處。

我們也可從聖徒的著作中得到默想的材料。他們是上帝的朋友，認識上帝，也熱愛上帝的話。他們的著作常是他們個人默想上帝話語的果子。不過，我們要留意，不要讓人的話取代上帝的話。誦讀、默想聖經是無可取代的。

更像耶穌

「聖經都是上帝所默示的……叫屬上帝的人得以完全，預備行各樣的善事。」(提後三 16～17) 最後兩句話告訴我們聖言心禱的終極目標：使我們得以完全，遵行天父的旨意。

當我們操練聖言心禱時，我們帶著信心、盼望和愛，與我們最親密的朋友耶穌在一起，並聆聽祂。祂將從父聽到的都告訴我們(約十五 15)，使我們能明白並遵行天父的旨意。當我們走入忙碌的生活中時，這位親密知己還是和我們在一起，用祂的「聖言」繼續對我們說話。因為我們常聽祂，常和祂在一起，我們會愈來愈像祂。我們讀主言，也入主心，以祂的心為我們的心。我們在生活中學習耶穌對天父的順服，我們學習像耶穌無私地愛人，讓上帝的話不斷影響我們，帶著我們邁向完全。

問題解答

問題一：默想時，我怎麼知道我所聽見的真的是上帝的聲音，而不是自我暗示呢？

你可以用下面四點來作自我評估，察驗你所聽到的是否來自上帝。

1. **我所聽到的是否與聖經的客觀真理一致？**聖靈絕不會說與祂所啟示的真理相違背的話。這就是為甚麼操練默想的人必須掌握聖經的客觀真理，不能忽略研經與查經。
2. **我所聽到的是否針對我當下的需要？**若所得到的信息幫助你的現實與靈性生活的話，它必是來自聖靈。
3. **我所聽到的是否與我的人生故事有關？**「不被尊重」一直是一位姊妹生命中的痛。當她默想「若有人服事我，我父必尊重他」（約十二 26）時，她知道這是聖靈在對她說話。她感恩說：「有天父上帝尊重我就夠了。」於是她人生故事中的痛開始被聖靈醫治。

4. **讓時間與環境來印證我所聽到的是否來自上帝。**不要急著下斷言說：「這是上帝給我的信息。」要等候時間與環境的印證。

「不要讓懷疑癱瘓你的操練。」[11] 操練默想時，要倚靠聖靈，專注聆聽，筆記你的感動與經歷。慢慢地你明辨的能力會增強。就算你弄錯了，只要你的動機是對的，一心尋求上帝眼中看為對的事，你的努力還是會蒙上帝賜福的。

問題二：我默想時毫無感動、一無所得，怎麼辦呢？

這時你可以暫時放下默想，去做其他的事。過些時候再回來默想。有時在你意想不到的時候，聖靈就對你說話了。你也可以從經文中取一節或一句話，帶著這節或這句上帝的話走入你的生活中，隨時咀嚼品嘗。

有一位作者說，一天早晨他默想時一無所得，就從所讀的經文中帶著耶穌的話「我是道路」，走進他忙碌的服事中。他一邊走，一邊默唸著「我是道路」。那天他走了許多路，他覺得他就是在耶穌裏面行走，而且一直走向永恆。一天結束時，他的身體疲累，心中卻充滿了喜樂。

問題三：每一次操練聖言心禱需要多少時間呢？

每一次操練至少需要約十至二十分鐘時間。以從容不迫的心情操練，不要急著去做下一件事情。

同一段經文可以默想一個星期，甚至更久。因為默想看重的是深度，而非廣度。潘霍華要他神學院的學生一個星期只默想一段經文。我有一個學生則用兩個月時間默想詩篇一三九篇。

如果你每天有讀經的習慣，覺得無法另外再騰出時間操練聖言心禱的話，你可以從你所讀的經文中取一小段（一至三節經文），用幾分鐘的時間閱讀、聆聽、默想，再以禱告回應。你也可將這段（句）經文帶入你的生活中，在忙碌中常回來思想它，聆聽它。不知不覺中你的生命會得滋潤，得塑造。你也可以每週另外安排較長的時間，從容地操練。

請謹記，聖言心禱不是為了得到聖經資訊，乃是一種具創意的聖經閱讀。它也不是技巧，乃是一種神聖的藝術。像學所有的藝術，需要長時間用心實作一樣，當你用十至二十分鐘的時間規律操練聖言心禱，久而久之，聖經知識自然會漸漸從你的「頭」進入你的「心」，使你能在生活中活出上帝的話。[12]

第三部

經歷

7

歸心祈禱的果子

我是葡萄樹，你們是枝子。常在我裏面的，我也常在他裏面，這人就多結果子……（約十五5）

歸心祈禱的核心是「接受上帝在我們內裏的臨在與作為」。祈禱時，我們不尋求某種特定的效果，也不專注於要得到某一個果子。祈禱時，我們單純地、心中一無所求地來到上帝面前。我們的靜默就是等於告訴上帝：「我來了，憑祢意行。」歸心祈禱有如一個容器，承載著我們「降服」的意願。[1] 因著我們的降服，聖靈能自由地在我們內裏工作。

耶穌應許我們，我們若常在祂裏面，祂也常在我們裏面，我們就多結果子（約十五5）。所以我們操練歸心祈禱，我們的生命會結出美好的果子是必然的事。上帝會恩膏我們，祈禱的果子會在我們的生命中出現。但讓我們謹記，這完全是聖靈的作為。歸心祈禱的果子是在日常生活中被發現的，所以不要在祈禱中尋找果子。然而，認識一些常見的歸心祈禱的果子，會幫助我們、鼓勵我們。以下分享在操練歸心祈禱的弟兄姊妹和我個人身上發現的一些果子。

自我認識

在我們的屬靈旅途中，最先出現的果子是自我認識。基督宗教靈修傳統對「自我認識」的定義是：「對自己隱藏的動機有洞見，看見自己情緒上的需求，以及情緒如何暗中影響著我們的所思所想、情緒的波動和我們的行為活動。」[2] 所以，認識自己，煉淨潛意識裏的動機，是屬靈的旅途中相當重要的工作。

在學習歸心祈禱的初期，聖靈光照我，讓我看見自己服事的動機並不單純。因著某種原因，我需要被人視為是一個熱心服事主的「好基督徒」。我服事的動機不完全是為了愛主，而是想要得到人的掌聲。這樣的看見令我羞愧，於是我辭去教會的服事，安靜一年，讓上帝更深地煉淨我。一年後我才又開始服事，直到如今。

除了認識自己的陰暗面之外，自我認識也讓我們看見自己的光明面。我們會發現自己原本不知道擁有的恩賜、特別的才能，以及值得感恩、歡慶的事。有一位姊妹在操練歸心祈禱一段時間之後，發現她原來有寫作和教導的恩賜，這是她之前從未曾發覺的。

「心意更新而變化」

在操練歸心祈禱的過程中，聖靈會光照我們，讓我們看見那些令我們不能向上帝全然敞開的阻礙。只要我們將這些阻礙放下，自然會在上帝的臨在中敞開自己，並享受在其中。默觀祈禱的內在動力自然會帶來我們全人性格的轉化，不只是道德的改善，而且是我們對事物看法的改變。我們對現實生活中發生之事的回應都與以前不一樣，因為我們更能以上帝的眼光看自己和世界。基廷說，這全人性格的轉化與意識結構的轉變（structural change of consciousness）有直接的關係。[3] 這全人性格的轉化或意識結構的轉變，就是保羅所說「心意更新而變化」（羅十二 2）的結果。

梅頓一次特別的經歷就是一個經典的例子。有一天，他站在人來人往的街角，突然被「我愛所有這些人」的意識所淹沒。他寫道：「我屬於他們，他們屬於我，我們無法如陌路般彼此疏離。」[4] 從這次的經歷，梅頓體悟到人與人是同根相連的。他認為使他對此平凡的境遇有如此不一樣的回應，是與他多年在隱修院靜默祈禱有直接的關係。

兩年多前一位女性牧者戴牧師與我分享，聖靈如何更新改變了她的牧養觀。她所服事的教會極重視人數的增加，而她也認為人數代表她的能力與價值。所以她努力工作，為要達到教會期待的目標。但在學習歸心祈禱後，她更深地體會到內住在她心中上帝的愛。上帝愛她，也愛她的羊羣，以及所有人。於是聖靈顛覆了她持守多年的牧養觀。她覺悟到，上帝看重的不是人數，祂看重的是愛。她開始把重點放在教導上，用心幫助信徒與上帝建立更深的關係，她自己也更多地愛他們，為他們守望禱告。這樣意識形態的改變使她從「被要求」的壓力下得釋放。她也教導她的小組組長，凡事要為愛耶穌而做，不要落入「因被要求而做」的框框裏。「心意更新而變化」的結果使她的服事更自由了。

潛意識裏的醫治

基廷說，在歸心祈禱中經歷的內心寧靜，是人類經驗中最能使人得到力量和肯定的經驗。靜默使我們能經歷上帝的同在，而沒有任何經驗像經歷上帝的愛與同在那樣，能帶給人肯定。[5] 經歷上帝同在的人，相信自己是蒙上帝所愛、所接納、所喜悅。這樣的信心會醫治人對自己的負面看法。

我認識林傳道十幾年，她有祈禱和個人關懷的恩賜，但是她很害怕講道。早在讀神學院時，講道已是一件令她備感壓力的事。有時在講道之前她會緊張到哭泣。她學習歸心祈禱超過十年，全時間服事也有數年之久。教會各樣的服事，她都勝任愉快，惟獨站在講台上講道令她恐慌緊張。她持續規律操練歸心祈禱，過默觀的生活，聖靈就在不知不覺中，醫治了她潛意識裏在眾人面前講話的恐懼。有一天她以感恩的心與我分享上帝在她身上的作為。她說，上帝把她對講道的恐懼除去了，預備講章也變得輕省了。過去輪到她講道時，她心會慌，睡不好；現在則能一覺到天亮。過去講道前，她只用心預備講章，甚麼活動都不參與。現在她還是認真預備，但也輕鬆地參與其他活動。有會友說，她的信息不一樣了，似乎是湧自她的心靈深處。這幾年聖靈在她的潛意識裏所做的醫治之工，弟兄姊妹有目共睹，她在大眾前講話的恐懼已不見了。

在平凡生活中經歷上帝

在操練歸心祈禱時，我們向內住在心中的上帝敞開，並降服於祂。漸漸地，我們不只在祈禱中經歷上帝的同在，我們也在平凡生活中經歷祂。一位姊妹分享她的經歷：「今天早上我如往常走路到師大圖書館。在路上，我不經意抬頭看著路旁高高的白千層樹，驚訝地發現，樹上開滿了美麗的白花。這條路我走了許多年，竟然從沒有注意過沿路的樹，更不用說留意到樹上的花。原來美麗的樹和花一直都在那裏，只是我過去都沒有覺察。」在驚喜中，她彷彿聽到主說：「孩子，享受在其中吧！」這個平凡中的驚喜為她忙碌的生活增添喜悅。她說，這是歸心祈禱帶給她的禮物。

做工得息

大德蘭說，愛使工作成為休息。[6] 當我們規律地操練歸心祈禱時，「上帝愛我」和「上帝與我同在」的意識會逐漸加深。我們的服事自然湧自我們愛上帝和愛人的心。愛的服事使我們的服事享有安息。

前面提到戴牧師因規律操練歸心祈禱，而深刻體會到上帝的愛。自從她放下了以會友人數增加為重的牧養觀，並開始以愛牧養她的教會，她可以享受做工得息的甜美。所有的工作都是為愛耶穌而做；講道是因為她愛耶穌，愛弟兄姊妹，渴望他們得造就。所以，講道的服事就變輕省了，她不再擔心弟兄姊妹會如何評論她的信息。因她愛他們，當他們私底下來尋求幫助時，她對他們總能懷著愛專注聆聽。雖然她仍是一個忙碌的牧者，但滿有安息的服事使她的健康大有改善。從前她因服事太忙，壓力太大，常常生病，但最近這幾年我沒有再聽到她生病進醫院、或動手術的消息了。

自稱為「行動派的牧者」邁思勤牧師，有一年因過勞而生大病，進醫院急診治療。他大病康復後，開始學習歸心祈禱。在祈禱中，他經歷上帝的愛和在祂裏面的安息，因此深深體會到在上帝裏面的「安息」對服事上帝之人的寶貴。他說：「上帝是透過聖徒作工的，他們因為與主合而為一而處在絕對的安息中，因此祂可以透過這些人作祂的工。」[7] 活在上帝愛中的服事者，必享受上帝裏面的安息。而服事者的安息必帶給他周遭的人平安的臨在（non anxious presence），使他們也能活在上帝的愛與安息裏。

渴慕上帝

梅頓曾說，獨處使他的心裂開成為極深的深淵，產生對上帝深深的渴慕。歸心祈禱就是靜默獨處的操練，當你規律操練，渴慕上帝的心自然湧自你的心靈深處。

每次當你放下一個思想，做了自我倒空的舉動，回到上帝臨在的深處時，這個自我倒空的動作會漸漸地在你內裏被模塑，並且不斷被強化。假以時日，你若持之以恆地操練，它會在你內裏形成一個磁性中心（magnetic center），深深地把你吸向中心。[8] 蓋恩夫人（Madame Jeanne Guyon）稱此現象為「歸向神的定律」。她說：「當你的心繼續轉到內裏的深處時，你會發現你的神如同磁石！祂有一種磁鐵般的吸引力！會自然而然吸引你愈來愈親近祂。」[9]

當你的祈禱逐漸進深，你一旦發現被一個思想吸引，就會立刻把它放下，因為你會立即覺察這個思想要把你拉到意識的表層。這不是你要的，你要的是繼續在內心深處與上帝相交。你會慢慢發現，這個磁性中心，其實就是在心中你與上帝彼此渴慕的脈動：你渴慕上帝，上帝渴慕你。

這就是為甚麼操練歸心祈禱有些年日的人，偶爾因故不能操練時，會想念它，一得機會，就要立刻補上。在高速鐵路、機場候機室，甚至吵雜的公車和地鐵，都不能攔阻人進入他存有的中心，在靜默中與上帝相交。就像傳信鴿的歸家本能（homing instinct）總使牠朝著「家」的方向飛行一樣，這個磁性中心也不住地吸引著我們，飛向我們摯愛的家鄉——我們存有的中心，上帝臨在之處。

信仰生活與人際關係得滋養

歸心祈禱的靜默滋養並深化我們信仰生活的其他層面，包括其他方式的祈禱、敬拜活動與教會生活。[10] 因為我們騰出時間操練歸心祈禱，每天享受至少兩段靜默的時間，因而在閱讀、默想、代禱、領聖餐時，我們經歷到前所未有的能量。我們悟性的祈禱（口禱）更發自內心，代禱時更能按著上帝的心意為人代求。我們所讀所聽的不再只是字句，而是心靈的眼睛真的看見，心靈的耳朵真的聽見。我們的服事更有果效，因為日漸衰弱的假我不能再癱瘓我們的工作。我們在教會的團契生活更加美好，因為我們更能放下自我中心，更能以愛與尊重待人，我們與弟兄姊妹能相親相愛，彼此恭敬推讓（羅十二 10）。

歸心祈禱也滋潤我們與家人的關係。我們身邊的家人往往是最先發現我們改變的人。謝姊妹是一位受過高等教育、有自信、有主見的現代女性。她有話直言，認為自己的所言所行都是為了別人的好處。但她的直率常常傷害到人，令人難受，甚至令人生氣，她的人際關係也因此處於緊繃狀態。她自稱，這是「自以為義」的個性，她無法改變自己。但經過三、四年的歸心祈禱與默觀靈修的屬靈操練，謝姊妹變了，她變溫柔了。有一天她的丈夫對她說：「你變了！你變得不一樣了。你讓我感到溫暖而和善！使我想更加地愛你、珍惜你。」她說，這是聖靈的工作，她能覺察到聖靈在她與人的互動中，引導著她做出合適的回應。她去加州看兒子時，兒子也說：「媽，你變了，你完美主義的個性似乎不見了，你能接納人，我再也不用擔心自己做得不夠好了。」她說，她的改變使整個家庭和樂許多，全家因她一個人的改變而蒙福。

如果你已操練歸心祈禱有些時日，以上列舉的這些在生活中出現的果子，對你必不陌生。願你的心因此受鼓勵。然而，你要放下這些果子，不以此為滿足，更不據為己有，而以感恩的心將它們全獻上給主，好讓聖靈繼續帶領你進入你存有的深處。上帝要給你的，遠超過這些，非筆墨所能描述，因為「上帝為愛他的人所預備的是眼睛未曾看見，耳朵未曾聽見，人心也未曾想到的」（林前二9）。

培育內在的靜默

你們要休息，要知道我是上帝！（詩四十六 10）

詩人與靜默

詩人說：「你們要休息，要知道我是上帝！」（詩四十六 10）唐佑之說，「休息」的意思就是安靜與緘默。[1]（NIV 這節的翻譯是："Be still, and know that I am God."）"Be still" 意指全人（包括身心靈）的靜默。詩人要我們在靜默中觀看上帝的作為，我們不需做甚麼，我們只要安靜與緘默。

遭遇患難時，詩人默默地等候上帝的拯救來到。他說：「我的心默默無聲，專等候上帝；我的救恩是從他而來。」(詩六十二1)詩人也以靜默表達身心靈的滿足：「我的心平穩安靜，好像斷過奶的孩子在他母親的懷中；我的心在我裏面真像斷過奶的孩子。」(詩一三一2)斷過奶的孩子在慈母懷抱中是安靜的、滿足的、心中沒有需求的。詩人說，他自己就像這個孩子，靜靜地安息在上帝溫暖的懷抱中，在這樣親密的時刻，話語是多餘的。

這幾節詩篇的經文都顯示，靜默是詩人靈性生活的一部分。他們在靜默中與上帝建立親密關係，他們也召喚著我們，卸下忙碌，騰出時間，在靜默中親近上帝，與祂親密相交。

靜默的操練

靜默是靈性生活中不可或缺的操練之一。靜默的操練使我們成為朝聖者。沙漠教父認為，要踏上朝聖之旅，就是要靜默。他們相信，每一次交談都會使他們的心對這世界發生興趣，想成為這世界的永久居民，而不是過路的客旅。所以沙漠教父說，持守靜默使我們能做個朝聖者。盧雲也說：「話語常使我們忘記我們本是朝聖者，蒙召要邀請他人加入我們朝聖的行列。」[2]

對沙漠教父而言，持守靜默很重要，因為說話常導致犯罪。不說話是不犯罪最好的辦法。使徒雅各也告訴我們，說話與犯罪有連帶的關係。「若有人在話語上沒有過失，他就是完全人，也能勒住自己的全身。」（雅三 2）雅各讓我們看見說話而不犯罪是很難的。在朝著我們永恆的家鄉邁進的屬靈旅途中，若我們不要被這世界的罪所沾染，靜默是最安全的路。[3]

靜默的操練使我們能聽見上帝在我們心中的細語，而能遵祂而行。盧雲說，上帝時時刻刻都在對我們說話，但是我們聽不見，因為我們都患了屬靈的重聽。[4] 蓋恩夫人說，要養成靜默的習慣：第一，要忘記自己；第二，要留心聽上帝的聲音。[5] 靜默會賜給我們能聽的耳，我們因而能聽見上帝的聲音。以利亞在驚恐、灰心中聽見「微小的聲音」時，他知道這是耶和華的聲音，所以他用外衣蒙上臉（王上十九 11～13）。他所聽見的「微小的聲音」，原意是靜默的聲音（sound of silence）。這聽起來似乎自相矛盾，因為有聲音就不靜默，一旦靜默就是無聲。唐佑之說：「這是神祕的用語。」上帝在託付重任之前以靜默的聲音對以利亞說話，是要他在心靈深處的靜默中來聆聽。[6] 聽見這靜默的聲音之後，以利亞不再躲在洞中，他「離開那裏走了」（王上十九 19），去完成上帝的託付。

兩種靜默

靜默有兩種：外在的靜默和內在的靜默。外在的靜默指的是我們放下忙碌，停止說話；內在的靜默則是指我們連內在的談話，如自我交談，也停止了。

我常帶學生在退修會中練習外在的靜默。我會帶他們到台中附近的靜山靈修中心，用三天兩夜的時間全程操練外在的靜默。學生不只放下忙碌的功課，抽離充滿噪音的環境，也在退修會中全程禁言。台北靈糧神學院的前輔導主任葉美珠老師，甚至要求學生在退修會中將手機交給祕書保管，她的用心是不讓外界的聲音來干擾他們的靜默。像這樣外在的靜默操練能幫助我們與內在的自己接觸，聆聽自己內在的聲音，認識自己，讓我們休息，重新得力。外在靜默的操練預備我們進入內在的靜默。

內在的靜默是一般基督徒較不熟悉、也較具挑戰性的操練。我們不只不說話，也將思想放下，不讓我們的想像力到處漫遊。辛希雅．布爾高牧師稱內在的靜默為刻意的靜默（intentional silence）。[7]歸心祈禱的操練就是在孕育內在的或刻意的靜默。

世界的主流宗教，凡是以人的生命轉化為重點的，都視內在的靜默為不可或缺的靈修操練。內在的靜默操練對靈性的覺醒是必要的，此乃是普世性的認知。而在所有的宗教中，基督宗教是最重視生命轉化的宗教。[8] 基督宗教的默觀靈修傳統，自古以來一向以深度的靜默獨處為屬靈生活的基本功。歸心祈禱的操練就是孕育進入默觀所需的靜默的性情。

人的意識

基廷在《與上帝親密》(*Intimacy with God*)一書中說明，如歸心祈禱這類的靜默祈禱，如何在人的意識深處孕育靜默，並帶來靈性的覺醒。他將人的意識比喻為一條流向大海的河(請看圖一：「意識之河」，頁 116)這條河很深，不停地流動著。這條意識之河分成兩部分：河面與河流本身。河面代表人的意識表層，他稱之為「一般意識」(Ordinary Awareness)；在河面之下，就是河流本身，代表人的「屬靈意識」(Spiritual Awareness)。兩者都是感知的管道(ways of perception)。在屬靈意識的最深處或中心，是人的真我與上帝的臨在之處(Divine Presence)，是我們的存有之源。[9]

一般意識

一般意識(意識表層)是處理我們日常生活不可

意識之河
（人類意識之比喻）

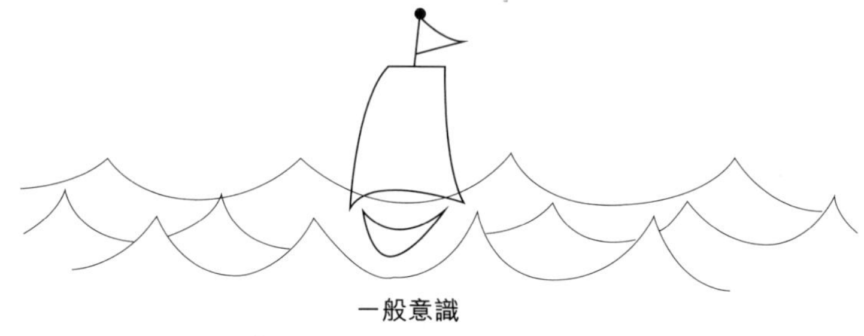

一般意識

屬靈意識

真我
上帝的臨在

圖一

人的意識的比喻
河面代表一般意識的層面
河流本身代表屬靈意識的層面
河流的深處代表真我與上帝的臨在之處
——我們的生命之源

或缺的。五個官能的感覺(視、聽、嗅、嘗、觸)都呈現在意識表層上，處理每日食衣住行也都需仰賴意識表層的運作。再者，情緒的波動，種種圖像、過往的記憶、思想、評論、內在的交談等等，都同時在意識表層漂流著，好像船隻在河面上漂流一樣。

一般意識的另一個名稱是「自我的想法」(egoic thinking)。它是人腦思考運作的常態，自我中心是其特徵：所思所想都以「我」為中心，如「我表現得如何」或「別人如何看我」。活在一般意識的人的另一個特徵是，他與上帝、與人的關係都是隔離的。一位神學博士在神學院教書多年，出版了許多著作，他對有關上帝的知識相當豐富，但是他與上帝的關係卻是隔離的，他從未與上帝建立親密關係。有一天，他說：「甚麼是經歷上帝呢？我從來沒有這樣的經歷。」若沒有屬靈的操練，即使是神學博士、大主教、知名的牧師，對世界與對自己的看法，仍是完全被一般意識所模塑，離不開以自我為中心的世界，與人、與世界的關係是隔離的。這樣的人只會從意識表層來看自己和世界，以為這就是他人生的全部，對更深層的屬靈意識一無所知。[10] 保羅所說的「隨從肉體的人」(羅八5)，正是活在一般意識層面的人。

屬靈意識

在一般意識河面之下的河流本身，就是屬靈意識的層面。它好像我們內裏的一個靈性的指南針，其磁針總是固定地指向上帝。它的功用就像指南針一樣，要為我們指出正確的方向，引導我們走向上帝。它與一般意識一樣，都是感知的管道。但屬靈意識的直覺所掌握到的是「整體的」（whole），而且它有與生俱來的歸屬感。出自屬靈意識的知覺是和諧的，與上帝、與世界是合一的，對上帝、對世界都有歸屬感。因這和諧的知覺，我們的自我認知就不受隔離感和焦慮所煩擾。生活在一般意識的人則不是這樣，他們與上帝，與人都是隔離的，生活是充滿焦慮的。[11] 保羅所說「隨從聖靈的人」（羅八 5）就是活在意識之河屬靈意識層面的人。

馬大和馬利亞代表的，正是這兩種人。馬大忙碌、能幹，活在壓力之下，「伺候的事多，心裏忙亂」（路十 40），她代表生活在一般意識層面的人。再看她的妹妹馬利亞，她「在耶穌腳前坐著聽他的道」（路十 39），預備晚餐對她而言已不是重點，她已與耶穌同在，享受屬靈的筵席了。她代表生活在屬靈意識層面的人。[12]

在屬靈意識的最深處是真我與上帝的臨在之處。

它是寂靜之處，是我們的生命之源，是我們要歸回的永恆的家鄉，也是聖靈藉著歸心祈禱，要帶我們去的地方（請看圖一）。

靈性的覺醒

我們一旦開始規律操練歸心祈禱，就表示我們要以與上帝建立關係為生命中最重要的事。我們願意離開意識之河的河面（一般意識的層面），移向河流本身（屬靈意識的層面）。換句話説，我們要離開隨從肉體、自我中心的生活，而走向隨從聖靈、以上帝為中心的生活。

在聖靈的引導之下，藉著歸心祈禱的操練，我們一步一步離開一般意識的層面，移向屬靈意識的層面。剛開始時，可能有穿梭不息的思想在我們的頭腦裏進進出出。我們的心思經常被河面上的漂流物（思想、頑念、記憶、情緒等）所掌控。這些都是出自「假我」（自我中心的生命）的作為，它們要把我們拉回一般意識的河面，並極盡所能攔阻我們移向河流的深處——上帝臨在之處。但我們要進到上帝臨在之處、和上帝在一起、與祂親密相交的意願，是堅定不移的。所以，依照歸心祈禱的方法，我們藉著輕柔地回到禱語，放下思想，選擇上帝。我們的意志一而再、再而三，N 次地放下思想，N 次地選擇上帝。每次我們放下思想，我們就給假我致命的一擊。

「放下」的屬靈名稱是「降服」；而降服就是我們對這位看不見的上帝的愛的表達。[13] 每次我們放下思想，我們就歸回到上帝面前，和祂在一起。即使和祂在一起只是瞬間而已，我們已得滋潤了。在二十到三十分鐘的祈禱過程中，我們就算有千百次的分心，千百次的回到禱語，千百次的放下，千百次的選擇上帝、降服於上帝，也是千百次對這位看不見的上帝表達我們對祂的「愛」。因此，思想的干擾反而成為我們對祂表達愛的機會。

在祈禱過程中，思想與靜默常交替出現，它們各自扮演著重要的角色。思想承載著我們需要被醫治的部分，靜默則創造空間促成醫治。[14] 經過一段時間的操練，我們會漸漸與這些在河面上漂流的思想、情緒和平共存。我們內心的靜默愈來愈深，我們心靈的安息也隨著加深。這是歸心祈禱對孕育內在靜默的一大貢獻。

在祈禱的靜默中，我們發現了我們屬靈的真身分；不管過去發生甚麼事，現在我們知道我們是上帝所愛的兒女，祂看我們為寶為尊（賽四十三 4）。在屬靈意識的層面裏，我們不是「獲得」上帝的愛，而是「發現」了上帝的愛，因為上帝在創立世界以前已經揀選我們為祂愛的對象了（弗一 4），只是我們一直沒有察覺。這發現就是靈性的覺醒。上帝無條件的愛與接納，使我們得到肯定與醫治。假我對我們的掌控放鬆了，我們愈來愈自由。

歸回永恆的家鄉

靈性的覺醒加深我們對上帝的渴慕。只要我們繼續操練歸心祈禱，培育內在的靜默，聖靈必繼續引導我們。在這個過程中，自我中心的假我漸漸衰微，真我漸漸興旺。以上帝為中心的生命漸漸取代了自我中心的生命。這生命的轉化使我們更像基督。最終我們將來到最深、最中心之處，真我與上帝臨在的地方，也就是我們渴望歸回的永恆的家鄉，在靜默中與愛我們的上帝永遠同在，歡欣喜樂。

9

踏上屬靈的旅途

叫我們既脫離世上從情慾來的敗壞，就得與上帝的性情有分。（彼後一4）

屬靈旅途的目的地——與上帝聯合

基督宗教的主流宗派各以其特有的用語來描述信仰旅程的目標。羅馬天主教提到三重路徑：煉淨（purgation）、光照（illumination）與聯合（union），其終極目標是與上帝聯合。東正教則談到淨化（purification）、光照（illumination）與神化（deification），其目標是要像上帝。基督教（更正教）也有三重路徑：稱義（justification）、成聖（sanctification）與得榮耀（glorification）。「聯合」、

「像上帝」、「得榮耀」所代表的，並不是三個不同的目標，而是同一個終極目標的不同面向，[1]它們代表的都是基督徒靈命成長的高峯——與上帝聯合（union with God）。

「與上帝聯合」是一個簡明的神學詞彙，用來形容基督為我們向聖父祈求的一個境界：「正如你父在我裏面，我在你裏面，使他們也在我們裏面……」（約十七21）因基督的死與復活，這個祈求已蒙應允。[2]因此我們就如使徒彼得所説的，「就得分享上帝的本性」（彼後一4，《和合本修訂版》）。

「聯合」有時中文譯為「合一」（one with God），大德蘭和十架約翰（John of the Cross）著作的中譯本則將“union”譯為「結合」。我們可將「聯合」、「合一」、「結合」這三個不同的翻譯視為同義詞。

與上帝聯合並不是指我們的人性被轉變成神性。它指的乃是我們的性情被上帝轉化，而能與上帝在愛中共融相交生活。[3]今天我們與上帝聯合成為可能，乃是因基督在十字架上的救贖，祂的寶血除去了使我們與上帝隔離的罪。我們與上帝完全的聯合，要等到我們見主面時。然而，在今世，上帝已為我們預備了豐盛的恩典——祂用祂的話語（聖經）教導我們，以聖靈的大能幫助我們，使我們能勝過罪和世俗的誘惑，因此我們能在此時此地預嘗與上帝在愛與順服中共融的聯合。

在今世與上帝聯合的意思是指，我們屬肉體的生命不斷被改變成為屬聖靈的生命。[4] 聯合與煉淨是一體的兩面，無法分開。正如耶穌比喻中那個歸家的浪子一樣（路十五 11 ～ 32），回到父家後，他必須先脱去一身破爛的衣裳，沐浴，才能穿上上好的袍子，在大筵席中與父親一同坐席。一同坐席表示父子間的親密，也象徵天父與祂兒女聯合的美麗境界。基督福音的邀請不是要我們成為更好的人，而是要煉淨、醫治並轉化我們，使我們能以基督耶穌的心為心，分享上帝的性情與祂一切的豐盛（腓二 5；彼後一 4；弗三 18 ～ 19），在今世與上帝聯合。

所以，基督徒的屬靈旅途是一條煉淨、醫治與轉化之路，最終的目標是要帶我們藉著耶穌基督，在聖靈裏與上帝合而為一。

屬靈旅途的包袱——假我

我們踏上屬靈的旅途時，假我會緊跟著我們。它是我們背上沉重的包袱，使我們不能輕鬆上路。現代發展心理學可以幫助我們了解這屬靈旅途中的包袱。許多研究已證明，我們個人的歷史都儲存在我們的頭腦和神經系統的生理電腦裏（biocomputers of our brains and nervous systems）。記憶庫也將我們從小至今發生的事存檔了，尤其是那些帶著強烈情緒的事件。[5]

基廷從發展心理學的角度說明假我的由來。他說，假我是由編織在我們人格中的惡習所構成。這些惡習從我們在母腹中受孕的那一刻累積至今，包括成長過程中的種種情緒傷害。它們可能來自父母不當的養育模式，或是不健康的成長環境，也可能是在我們無法保護自己的時候，別人有意或無意加諸於我們的傷害，以及所有我們學來抗拒痛苦的方法。這些抗拒痛苦的方法，多數已進入我們的潛意識裏面，我們卻不自覺。[6]而這些情緒傷害是我們在三方面的基本需求未得滿足所造成，包括對安全與生存的需求、對被尊重與被愛的需求，以及對能力與掌控的需求。基廷認為，假我是受傷的，需要被醫治。[7]

梅頓則從人與上帝的關係一針見血地形容假我。他說，假我就是那個要活在上帝的旨意與愛之外的我，這個我必然是一個虛假的幻象。[8]所以，梅頓認為假我是虛假的，它不是按著上帝的形像被造的。聖經雖然沒有用過「假我」這個詞，卻對假我有清楚的描述。假我就是保羅在羅馬書所說的「隨從肉體」的生命，而真我就是「隨從聖靈」的生命（羅八 5～11）。自我中心是隨從肉體的假我的生命特質，「不能得上帝的喜歡」(羅八 8)。我們踏上屬靈旅途時，假我就一路極盡其能攪擾阻礙。使徒保羅也曾深受其苦，他說：「我覺得肢體中另有個律和我心中的律交戰，把我擄去⋯⋯我真是苦啊！」(羅七 23～24 上)把保羅擄去，使他失去自由的那另一個「律」，就是假我。

所以，在屬靈的旅途中，我們必須正視我們的假我，讓聖靈來對付它、煉淨它。煉淨就是保羅所說的「治死」、「棄絕」。規律操練歸心祈禱，是讓聖靈治死、棄絕假我的一條路。我們若持之以恆地操練，假我會漸漸衰微，真我會漸漸興盛。於是我們「脫去舊人和舊人的行為，穿上了新人⋯⋯正如造他主的形像。」(西三 9～10)這是屬靈旅途中聖靈的主要工作。只要我們同意並全然降服於聖靈和祂的作為，至終祂要帶我們到達旅途的目的地——與上帝聯合。

屬靈旅途的煉淨——主動與被動

屬靈旅途的煉淨有兩種：主動煉淨與被動煉淨。主動煉淨指的是人採取主動，努力去抗拒一切會使我們與上帝的愛隔離的惡習、慾望或執著。被動煉淨則是接受上帝在我們內裏的臨在與作為。

卡羅．艾里科(Carl J. Arico)說，藉著操練聖言心禱和歸心祈禱，我們讓聖靈進到我們心靈深處自由做工，我們容許祂在我們內裏做必須做的事。[9] 至終是上帝的愛火將我們傾向犯罪的性情燒盡。我們不必做甚麼，只要與聖靈合作，接受祂的作為，降服於祂。這是被動煉淨。

譚沛泉則從靈性和心理的層面形容被動煉淨。他說，靜觀（默觀）是觀看內住我心中光明的上帝，而不是去挖掘我這個人內心中所有的黑暗，因為靜觀是祈禱，不是自我分析或檢討。他又說，光明的上帝住在我們裏面，我們也住在祂裏面，我們只要讓內心的光明繼續發光，黑暗就會被光明取代了。[10]

「傾向犯罪的性情被聖靈燒盡」和「上帝的光明取代我的黑暗」，就是被動煉淨所要成就的工作。主動煉淨和被動煉淨都是必須的。主動煉淨使祈禱者預備接受被動煉淨；被動煉淨使人心意更新而變化，帶來全人生命的轉化。[11]

有一個外遇的基督徒弟兄，罪中之樂令他十分痛苦。他向一位牧師求助，牧師這樣教他：「當面去告訴那個女人，你要切斷與她的關係，不再跟她來往，說完你轉身就跑，不要給她有回應的機會。」他照著做，按了門鈴，女人一開門，他就把預備好的話清楚說了，那女人還來不及開口，這弟兄已經轉身跑掉了。這是主動煉淨，需要人積極主動以堅定的意志力，抗拒罪惡。這也是箴言所教導的：「不可行惡人的路，不要走壞人的道。要躲避，不可經過；要轉身而去。」（四 14～15）然而，若這位弟兄希望他的生命從根本改變，他還需要讓聖靈在他內裏進行被動煉淨的工作，他才能達到全人的轉化。

拉撒路的故事就是一個被動煉淨的例子。耶穌「大聲呼叫說：『拉撒路出來！』那死人就出來了，手腳裹著布，臉上包著手巾。耶穌對他們說：『解開，叫他走！』」（約十一 43～44）「解開」（untie）就是被動煉淨的本質。[12] 我們和拉撒路一樣，都是被捆綁的人。我們一生累積下來不健康的習慣、思想、行為模式，以及與福音相違背的價值觀，都像一條一條的繩子與鎖鍊，緊緊地捆綁著我們，使我們身不由己，無法享有天父兒女的自由。我們無法自己解開這些繩子與鎖鍊。我們需要他人幫助，我們更需要聖靈來為我們做解開的動作——被動煉淨。就此點而言，歸心祈禱有其不容忽視的貢獻。

我曾經認識一位弟兄，他年輕的時候染上了一個壞習慣。後來他信主蒙召成為傳道人，結婚生子，但仍然無法改掉這個習慣。他說，這個不聖潔的習慣使他軟弱，阻礙他的屬靈旅途。後來他有機會學習歸心祈禱，規律操練了三、四年。在歸心祈禱的靜默中，他學習放下思想，降服於聖靈。有一天他發現聖靈已悄悄地把這習慣拿走了。他先去找一位有智慧的屬靈長輩分享這件事，並與他一起禱告。又過了幾個月，他確實知道這個捆綁已被解開了，他才告訴我。這被動煉淨如「滴水穿石」，需要時間。聖靈藉著歸心祈禱在他內裏做被動煉淨的工作，使他得自由。

屬靈旅途的醫治——神性治療

過去基督宗教靈修傳統的屬靈旅途並不著重醫治。但隨著現代心理學的普遍，基督信徒對自我認識和尋求身心靈醫治的渴望，已非昔比。基廷認為，既然我們都是罪人，我們就都需要醫治，所以屬靈旅途必須包含醫治。透過歸心祈禱方法的設計，基廷讓現代心理學的洞見與傳統的屬靈旅途的教導對話。他稱這套相當整全的心理—靈性兼顧的（psycho-spiritual paradigm）靈修方法為「神性治療」（Divine Therapy）。神性治療的學說也使基廷一夕之間成為舉世聞名的靈修導師。

關於神性治療，我們要正視兩個事實：第一、神性治療只是一個比喻。把上帝比喻成心理治療師，這意味著上帝與人之間互相信任與相愛的關係，如同一位優秀的心理治療師與患者之間的關係。第二、我們要認識心理治療與神性治療之間的差別。心理治療所關注的是改善自我（ego），提升人的適應能力，使人更健康、更快樂。神性治療所關注的是超越自我，目的是要喚醒人內裏的真我。神性治療是以祈禱者成聖為目標，遠遠超越心理治療所能成就的。[13] 心理治療至多使我們成為健康的人，神性治療卻要使我們不但成為健康的人，而且是聖潔的人。

耶穌開始傳道時就呼籲：「天國近了，你們應當悔改！」（太四 17）耶穌邀請我們每一個人悔改，承認我們的假我是需要被醫治的。如果我們回應耶穌這個愛的邀請，接受耶穌為我們的救主與治療者，我們就能開始有分於神性治療。這醫治的過程主要是在默觀祈禱（歸心祈禱是默觀祈禱的預備）中發生。治癒的果效則是由祈禱與在日常生活中培育美德所致。[14]

歸心祈禱的過程——啟動神性治療

如在第八章說的，當我們開始規律操練歸心祈禱，就表示我們要以與上帝建立關係為生命中最重要的事。我們願意離開意識之河河面一般意識的層面，而移向河流本身屬靈意識的層面（請見本書圖一，頁 116）。換句話說，我們願意離開隨從肉體的生活，而轉向隨從聖靈的生活。我們一旦表達這個意願，神性治療的過程就在祈禱中被啟動了。

基廷在《與上帝親密》一書第四章〈神性治療〉中，

詳細說明這個過程。[15] 先從一次二十至三十分鐘的祈禱過程來看，再將其擴大到幾年規律操練的過程。經過一段時間的規律操練，當歸心祈禱逐漸成為習慣時，我們的祈禱便愈多由聖靈掌控。當我們坐下來祈禱，內心所經歷的，就如下圖的圓形循環過程。請記

歸心祈禱
圓形循環的四個時刻

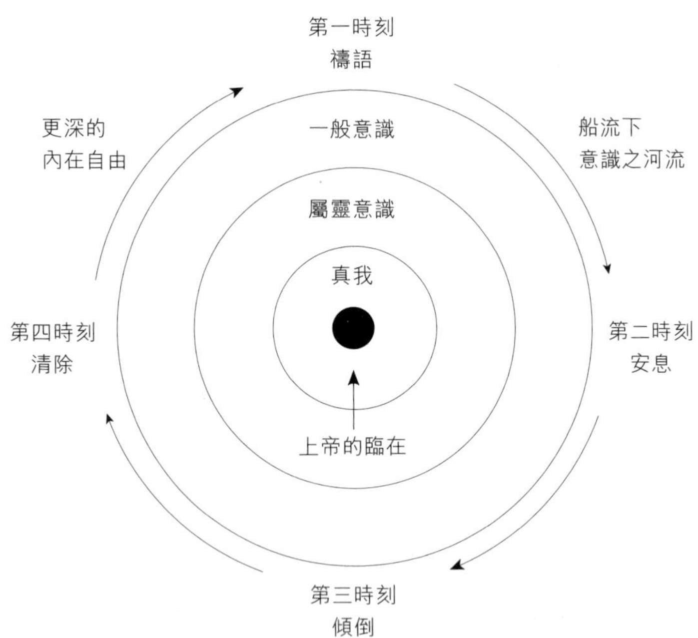

圖二

住，基廷是將累積了幾年的操練果效，濃縮在一次的祈禱中來解說這個過程。每一次的祈禱過程如同一個圓形的循環。當我們將禱語（或氣息、神聖的一瞥）介紹給自己時，一個有四個時刻的圓形循環就被啟動（詳見左頁圖二）。[16]

第一時刻是圓形循環剛啟動的那一刻，我們還在意識之河的表層，即一般意識的層面。在第二時刻，我們已經進入河流本身，即屬靈意識的層面。第三、四時刻，我們仍然是在河流裏 —— 屬靈意識的層面。

第一時刻：將禱語介紹給自己 —— 在河面上

坐下來將禱語（氣息、或瞥視的畫面）介紹給自己，以此作為我們要向上帝敞開並與祂親密相交的記號，同時我們將對上帝滿懷著愛的關注的心態，溫柔地放在我們心中。這時我們在河面上，預備要離開意識之河的表層（一般意識）。

第二時刻：安息 —— 進入河流本身

此後二十至三十分鐘的祈禱過程，都在聖靈的引導與影響之下進行。聖靈知道我們渴慕上帝、要親近祂的意願，祂會帶我們離開一般意識的河面，進入河流本身，一步一步移向屬靈意識的水深之處。

剛開始時，我們可能有穿梭不息的思想在我們的頭腦裏進進出出，我們的心思經常被河面上的漂流物或船所掌控。它們都是出自假我的作為，要把我們拉回一般意識的河面，攔阻我們移向屬靈意識的水深之處。

我們藉著輕柔地回到禱語，放下思想，選擇上帝。我們的意志一而再、再而三，N 次地放下思想，N 次地選擇上帝。每一次我們放下負面的情緒、思想，我們就給假我致命的一擊。每一次我們選擇上帝，上帝的心就得滿足。

經過一段時間的操練，雖然思想意念還在意識的表層漂流著，但我們漸漸能不與它們認同，我們不再對號入座。我們只是見證人，而不是受害者。我們發現了我們屬靈的真身分——上帝所愛的兒女。

漸漸地這些思想意念會安靜下來，使我們得安息。在安息中，我們覺察上帝的同在，享受內在的寧靜與平安。安息是此圓形循環中的第二時刻。上帝同在的經歷加深安息的感覺，身體自然也得到前所未有的休息。

隨著上帝內住我們心中的意識被喚醒，我們愈來愈能夠經歷上帝無條件的愛與接納，我們對祂的愛與信任也逐漸加深，這是靈性的覺醒。如果我們兒時沒有從生命中的重要人物，如父母，得到這樣的愛與接納，或是所得到的令我們不滿足，這種被拒絕的痛苦或不滿足會一直儲存在我們的潛意識裏。在祈禱中，上帝這位治療師將祂的愛與接納傾注於我們。這樣的經歷將醫治我們一生的情緒傷害，它是理性推理的靈修方法無法做到的，因為情緒是不講道理的。

第三時刻：潛意識的傾倒——在河流裏

基廷認為，幾乎沒有一個人在人類的基本需求上（如安全的感覺、被愛的感覺等）得到完全的滿足，我們都會有一些殘留的情緒傷害。而我們的身體就像一個倉庫，儲存著自小到大的種種情緒傷害。深度安息使我們的身體得到前所未有的休息與放鬆。於是，我們情緒雜草四周的硬土也開始變得鬆軟，身體趨向健康的本能恢復了，心靈也開始釋放情緒垃圾。在祈禱中，思想成為清除垃圾的管道，如同人體的排泄器官一樣。心靈開始釋放出過去未清除的情緒垃圾。這個現象是潛意識的傾倒，是圓形循環的第三時刻。

第四時刻：清除早期的儲存物——在河流裏

這種「傾倒」（unloading）有如心靈的嘔吐，許多帶著強烈情緒的思想，洶湧地從潛意識裏衝進我們的意識裏。而且這些思想、情緒與近日內所發生的事完全無關，證明它們是來自潛意識早期的情緒儲存物。清除這些早期的儲存物就是圓形循環的第四時刻。

玉珍是一個遺腹子，出生後十個月，母親又因病離世。村人都稱她和姊姊是「歹命的孩子」。但上帝卻恩待她，給她機會接受高等教育，擁有一個受人尊敬的專業。後來她信主，與一位愛主的弟兄結婚，生活過得相當幸福。她學了歸心祈禱後，發現在祈禱中，有時眼淚會無故地流下。這些眼淚顯然與她近期的經歷毫無關係。她說：「我就讓它流，一直流。」她讓淚水洗滌、醫治她，壓抑在她潛意識裏的悲傷便這樣流出去了。玉珍所經歷的，正是清除早期的儲存物的第四時刻。

這第四時刻的經歷可能很痛苦。但如果我們每天規律操練歸心祈禱，我們對上帝這位治療師的信任會幫助我們清除早期的儲存物，走過這個不容易的時刻。

歸心祈禱的圓形循環——經歷安息、煉淨、醫治、轉化

有些人操練歸心祈禱後不久，潛意識的傾倒就開始了。起初只是輕度的，因為情緒垃圾是慢慢地被倒出來。聖靈的工作常是由外而內。若我們生活中遭遇傷心的事或意外事件，這些遭遇往往會使藏在我們潛意識裏的儲存物（如早年的傷害）浮出意識的表層。

在此情形下，有時一次的歸心祈禱就足以使我們覺察這些儲存物（情緒垃圾）的存在。我們發現，我們被上帝所知所愛的同時，我們也看見自己的軟弱或陰暗面，這是靈修傳統所說的「自我認識」。這些浮現在我們的意識裏的自我認識，都要帶給我們醫治。

當潛意識裏的儲存物被清除之後，我們心靈的空間被擴大，於是我們離開一般意識層面（旅途的起點）更遠，進入屬靈意識層面，因為原本遮蔽上帝臨在的垃圾已被清除掉，我們更接近真我，以及我們的生命之源——上帝。所以，我們循環一圈之後，當我們開始第二次循環時，我們已比上一次更接近我們存有的中心。我們的安息也更深了，這自然又再度引起潛意識的傾倒，浮現與近期無關的早期傷害，或充滿強烈情緒的思想。當這些洶湧的波濤退去後，我們回到禱語。我們再一次開始這個過程，就比上一次更接近意識河流的最深處——真我與上帝臨在之處。這個循環的過程（安息→情緒的傾倒→清除→回到禱語），不斷地帶著我們一步一步地更靠近我們的中心（請見後頁圖三）。[17]

我們繼續規律操練回到禱語、得安息、情緒傾倒、清除垃圾，聖靈就繼續不斷地在我們內裏做工，煉淨、醫治、轉化我們。於是我們享受更多內在自由，更能自由地愛上帝、愛人。真我漸漸地取代假

歸心祈禱的圓形循環

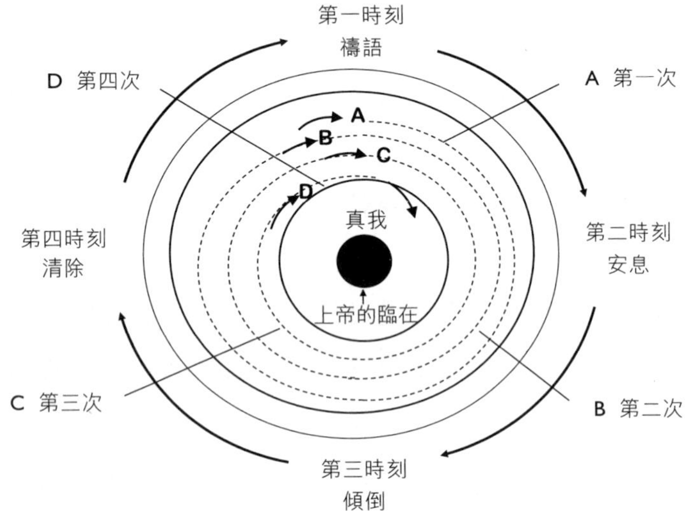

圖三

- 虛線代表在屬靈意識中的圓形循環之路線：
  1. 第一次的循環 A：離中心最遠
  2. 第二次的循環 B：比 A 靠近中心
  3. 第三次的循環 C：比 B 更靠近中心
  4. 第四次的循環 D：最靠近中心
- 在無數次的圓形循環中，聖靈帶領我們一步一步地更靠近我們的中心——真我及上帝臨在之處

我，而達到真我興旺、假我衰微的境界。聖經的應許就成為我們生命的經歷：「脱離世上從情慾來的敗壞，就得與上帝的性情有分。」（彼後一 4）基廷説，只要我們活得長壽，我們至終會來到意識河流的最深處——真我與上帝臨在之處。我們將發現，愛我們的天父上帝在屬靈旅途的目的地等著我們。

培養與上帝聯合的意識

本章的開始提到，我們要等到見主面時才能與上帝完全的聯合，基廷亦持相同的看法。他認為，在今生我們無法達到與上帝完全的聯合。完全的聯合是永久性的。他説，還活在肉體中的人是無法承受與上帝永久性的聯合。這永久性的聯合要等到我們結束人生旅途，與上帝面對面的時候才能經歷。

基廷在《與上帝親密》一書的〈前言〉中特別指出，屬靈旅途的重點不在於如何達到崇高的屬靈境界，而是要認識基督徒在屬靈旅途中期（mid stage in the spiritual journey）的經歷。默觀者在屬靈旅途中期經驗到與上帝合而為　，也經驗到與上帝分離。在此反覆的合一與分離的經驗中，默觀者培養與上帝聯合的意識。[18]

當我們規律操練歸心祈禱有些年日時，我們就是在屬靈旅途中期的人。在歸心祈禱的過程中，我們經歷深度的寧靜，也經歷思想的干擾。在祈禱中，我們進入我們存有的中心，經歷在靜默中與上帝親密相交，與祂聯合的甘甜；但剎那間又被思想拉出來，遠離了中心。藉著回到禱語，我們又回到中心，繼續與上帝親密相交。在這反覆地又合又離，又離又合的過程中，我們與上帝聯合的意識漸漸被深化，預備我們在旅途的終點，與上帝永遠地合而為一。

我的夢境——經歷潛意識的傾倒

在〈導言〉中我分享了我在學習歸心祈禱起初幾年做了許多的夢。當時我的靈修導師瑪莉建議我將夢境記錄下來，然後在與她約談時，我分享我做的夢。雖然我已不記得瑪莉如何使用我的夢境給我靈性上的指導，但我學到兩件事：一、我做的夢值得我留意；二、這些夢是聖靈的工具，幫助我的生命朝正向發展。因此，我開始閱讀這方面的著作，並請教對夢有研究的心理諮商師和靈修導師。後來我也參加了譚沛泉主領的「夢與靈修工作坊」。這些經歷都在我探索自己的夢境和其屬靈意義上，大大幫助了我。

在早期最幫助我、鼓勵我的是，榮格學派心理分析師（Jungian analyst）暨聖公會牧師約翰．先恩弗德

（John A. Sanford）的著作。他說，我們夜間做的夢會帶我們到我們自己的中心，所以夢是聖靈在我們內裏工作的經典例子。[19] 他認為夢具有造就靈魂的特質（soul-building quality）。他說，古代和聖經中的人物都認為，夢是上帝差來教導或煉淨靈魂的工具。[20]

過去二十幾年，在我做的夢中有幾個夢境，至今我還是歷歷在目。誠如先恩弗德所說的，它們都是聖靈的工具，帶我走向我的中心——心靈的深處，使我得到寶貴的自我認識，聖靈也用這些夢境教導我、煉淨我、轉化我的生命。更令我意外驚奇的是，在我的夢境中，我竟經歷了基廷所說潛意識的傾倒的過程。我常重訪其中三個夢境，並且反覆思想，藉此擁抱我的潛意識，聆聽它要給我的信息。同時，我求聖靈賜下亮光，讓我看見這些夢如何彰顯聖靈在我靈魂裏所做煉淨、醫治與轉化的工作。

我操練歸心祈禱超過二十九年了。這二十九年多的前半段，我稱之為我的屬靈旅途「初期」；後半段則為「中期」。至於「後期」，我姑且當它尚未來到。初期與中期的劃分並不是絕對的，其間或有重疊。當我重訪我的三個夢境時，我發現初期的夢境一和夢境二，與中期的夢境三，確有相似之處，但在夢中，我所感受的情緒卻很不一樣。

初期的夢境一：我和許多人都在等搭車前往一個

地方。當一輛類似巴士的車子駛進廣場時，大夥兒都奔向廣場，急忙上車。當我趕到時，車門正好關上，揚長而去。我發現在偌大的廣場上只剩下我一個人，於是「落單」的孤單感立刻淹沒了我。

初期的夢境二：我和一些同伴一起走路，忽然間他們都不見了，只剩下我一個人。此時夕陽正西下，我想回家，卻不知道回家的路往哪裏去。孤單與徬徨是我當時的心情。

中期的夢境三：我和幾位弟兄姊妹正要搭火車前往一個地方，我跟其中一位弟兄說：「我要下車一下，馬上就回來。我把手提袋放在這裏，請你幫我看著。」他點點頭。火車一停，我就下車。在我還沒來得及再上車前，火車開走了。我一個人站在月台上，望著火車載著我的弟兄姊妹駛向前方。當火車從我的視線消失時，我轉身跟著月台上的人羣走。我輕鬆愉快地爬上一層又一層的台階（很像紐約地鐵站的情況）。我想到我要回家，但我不知道該搭哪班車。我往下行的台階走，遇見一位黑人女士，就問她可否告訴我，我該搭哪班車。她說她也不知道，接著她陪著我去問工作人員，然後又陪著我到火車的停靠點等車。在我還沒想到我沒有錢買車票之前，一位白人男士走到我面前，一邊將一張印著黑字的白紙貼在我的衣袖上，一邊說：「這張紙可讓你搭車到任何你要去的地方。」

夢境一與夢境二顯然是同一性質的夢，都是與「只剩下我一個人」和它帶來的孤單感有關。在我的人生旅途中，經歷了幾次的死別和生離。在現實生活中，我的小家庭的確是只剩下我一個人。顯而易見地，這兩個夢都顯示我身為單身者的孤單。

再經過幾年的默想探索後，我發現這兩個夢也顯示我從小就偶爾會浮現的孤單感。我想起兒時的兩個經歷：一、在我三代同堂的大家庭裏，幾個常和我一起玩的堂兄都去上學了。有一天連只大我幾個月的堂兄也要上幼稚園，我好羡慕他能上學。他第一天上幼稚園的早上，我陪著他走到院子另一邊的大門。一到大門口，他就往學校的方向直奔。連我最後的一個玩伴也上學去了，我一個人走回家，那孤單的感覺，到今天我還記得。二、我上小學一年級時，好羡慕班上的一對雙胞胎姊妹，巴不得自己也有雙胞胎姊妹，能永遠彼此陪伴。

我是一個蒙父母疼愛的小孩，為甚麼還會感覺孤單呢？這著實令我費解。經過將近三十年的自我探索、靈修與默想之後，我覺察到這孤單感原來一直隱藏在我的潛意識裏，它源自於我對自己的不完整的意識。如奧古斯丁所說的，我們的內心有一個「真空」（God-shaped vacuum），除了上帝之外，沒有任何受造物能填滿它。這與生俱來內心的真空，就是令我一直覺得「有所缺」的原因，它也是我潛意識裏孤單感真正的根源。

然而，當我醒著時，在我裏面潛意識的防衛系統是不會容許我承認自己是孤單的。在學習歸心祈禱的初期，我嘗到安息的滋味，我的身心靈得到前所未有的休息。隨著操練年日的加增，我對上帝這位治療師愛的信任也愈來愈深，使我終於能放下潛意識裏的自我防衛，降服於聖靈在我內裏的工作。

經過幾年規律操練歸心祈禱之後，我在經歷潛意識的傾倒的過程中，孤單的情緒在夢境中一再出現，也一再被聖靈煉淨、醫治（請溫習歸心祈禱圓形循環的第二、三、四時刻）。上帝愛我和上帝與我同在的意識，逐漸在我生命中被深化，帶來意想不到的醫治能力。這醫治大能和其功效，顯現在我中期的夢境三。

雖然夢境三也是一個「只剩下我一個人」的夢境，但我的心境卻與前面兩個夢中的心境完全不同。火車載走了我的朋友，我卻自始至終沒有「落單」的孤單感。我反倒是踏著輕鬆愉快的步伐跟著人羣上下台階，顯出「隨遇而安」的心態。在整個過程中，我從未擔心留在火車上的手提袋，也完全沒想到身上沒錢買車票。用「放下」、「放心」來形容我當時的心境，是很貼切的。放下與放心都是默觀的心態，[21] 此夢境顯示了，這兩個默觀的心態已在我內裏暗中萌芽。

在夢境三，我分別邂逅了一位黑人女士和一位白人男士。從我們彼此親切溫馨的互動與互助，我看到「四海皆兄弟」的意識在我內裏成形。規律操練歸心祈禱，不但深化了我與上帝聯合的意識，也深化了我與人合一的意識。正如梅頓所説的，我們都是「同根相連」的，不分種族、膚色、文化與宗教，因為我們「在基督耶穌裏都成為一了」(加三 28)。聖靈透過夢境在我經驗潛意識的傾倒的過程中做了轉化之工，使我「心意更新而變化」，經歷基廷所稱的「意識形態的轉化」。合一的意識使我更能以上帝的眼光來看待自己和周遭的人。

現在的我享受與親人、朋友在一起的時光。與人相處時，我感受到上帝的愛包圍著我們，也感受到我們彼此之間的愛。我也享受獨處，我常一個人在書房裏工作，也常一個人走路、游泳、購物。在獨處的時候，我常意識到一位永恆的親密知己與我同在。可見，我原先與生俱來的孤單感已被淡化，甚至得醫治了。

我在夢境三之後的許多夢境中，孤單的感受幾乎沒有再出現過。我相信在與上帝聯合和與人合一的意識裏，至終我的內裏將不再有空隙容納孤單，或任何的負面情緒了。

屬靈旅途的核心——愛上帝與愛人

從前有一位拉比問他的學生說：「你怎麼知道你有足夠的光能看見呢？」一個學生說：「當我在晨光中望向遠處田野時，能分辨哪一棵是橡樹，哪一棵是楓樹，我就知道我有足夠的光能看見了。」另一個學生說：「若我在晨霧中，能分辨在草原上玩耍的是小孩還是小羊，我就知道我有足夠的光能看見了。」拉比一一否定了學生的回答之後說：「當我注視一個人的眼睛時，我能認出他是我的弟兄，或是我的姊妹，這時我就知道我有足夠的光能看見了。」真正能看見的人，能以上帝的眼光看人、看事。

使徒約翰說：「上帝就是光」(約壹一 5)，「愛弟兄的，就是住在光明中」(二 10)；他又說：「不愛他所看見的弟兄，就不能愛沒有看見的上帝。愛上帝的，也當愛弟兄……」(約壹四 20～21) 大德蘭說，愛上帝始自愛近人（身邊的人）。中世紀的聖徒艾克哈特（Meister Eckhart）也說，在祈禱時，若想起一個弟兄餓著肚子，就該停下禱告，給他食物吃。這兩位聖徒都深刻體會使徒約翰的教導：我們若愛弟兄，我們就知道我們愛上帝了。

耶穌留給我們的大誡命是：「你要盡心、盡性、盡意愛主——你的上帝……其次也相倣，就是要愛人如己。」(太二十二 37、39) 在福音書中，耶穌以「來跟從我」(可一 17) 呼召每一個基督徒。我們跟從耶穌基督——天父懷裏的獨生子，最終祂要帶著我們走入天父的懷中，與祂合而為一，到達屬靈旅途的目的地。在跟從基督走向天父懷中的過程中，藉著靈修操練(如歸心祈禱、聖言心禱等)，聖靈帶著我們深入我們存有的中心，更深接觸我們內裏的基督之愛，並讓祂的愛煉淨、醫治與轉化我們，使我們能以耶穌基督的心為心，以祂愛我們的愛來愛祂、愛人。愛上帝與愛人於是構成屬靈旅途的核心。[22]

10

孕育默觀的心態

你們當以基督耶穌的心為心：他本有上帝的形像，不以自己與上帝同等為強奪的；反倒虛己，取了奴僕的形像，成為人的樣式……（腓二 5～7）

歸心祈禱是默觀祈禱的預備；歸心祈禱的過程孕育默觀的心態。曾短期指導我的靈修導師大衛．弗雷納德（David Frenette），在他的佳作《歸心祈禱之路》（*The Path of Centering Prayer*）中，描述了歸心祈禱孕育的八種默觀心態：接受上帝與祂在你內裏的作為、向上帝敞開與認出祂的同在、單純與覺醒、溫柔與不費力、放下與容許、安息與做人、擁抱與被擁抱，以及源自上帝的生命整合。[1] 在此我要分享其中四種我有深刻體會的默觀心態：單純與覺醒、溫柔與不費力、放下與容許，以及擁抱與被擁抱。我也分享一些弟兄姊妹與我個人的經歷和見證，從中可一瞥正在萌芽的默觀心態。

我的目的並不是要讓默觀心態成為我們努力追求的目標。不！這不但徒勞無功，而且也破壞歸心祈禱的單純。在歸心祈禱時，我們無所期待，除了單純與上帝親密相交，降服於祂，我們別無所求。我所期盼的是，默觀心態與真人真事的分享，能幫助我們對這些難以描繪、難以捉摸的默觀心態有較具體的認識。我更期待的是，我們會因此得到激勵，以單純愛主的心，規律地操練歸心祈禱，留駐在這完全接受性的、無為的祈禱中，全人降服於聖靈，讓祂自由地在我們內裏工作，直到基督耶穌的心成為我們的心。

單純與覺醒

歸心祈禱孕育的默觀心態是單純的。歸心祈禱是一個簡單的祈禱：它的禱語簡短，它的規則也很簡單。其中規則三告訴我們，當我們被思想干擾時，就輕柔地回到禱語（可參本書第三章，頁 47）。禱語所代表的意願是我們「惟一」的思想。在祈禱中，藉著禱語的幫助，我們頭腦的活動、複雜的思想都一一被放下，從多減到一。我們的心中只剩下單一的思想，就是要親近上帝並降服於祂的意願。持守這個意願使我們覺察上帝的臨在：發現無所不在的上帝隨時與我們同在。這個簡單的祈禱要轉化我們，使我們成為一個單純的人。

耶穌要我們單純。祂說：「你們若不回轉，變成小孩子的樣式，斷不得進天國。」（太十八3）小孩子很單純；他們的心思簡單，他們的為人單純。天上的飛鳥、野地裏的百合花也是一樣；單純地信靠造物主的看顧，飛鳥不愁吃，百合花也不愁穿，展現自己的生命特質。小孩子、飛鳥與百合花不需做甚麼，只單純地接受生命所給予他們的一切。我們與上帝的關係也是如此，我們不需做甚麼，只要單純地在上帝裏面，接受祂的生命與愛。這就是我們在操練歸心祈禱時的經歷：我們在靜默無為中，接受祂充滿愛的臨在與轉化之工。

初學歸心祈禱時，在一次個別約談中，我的靈修導師瑪莉對我說：「這個簡單的祈禱要帶給你『基督的意識』（Christ consciousness）。」當時我不甚了解，卻印象深刻。她回天家多年後，我才領悟到「基督的意識」就是對「基督活在我內裏」這個事實的覺醒。這個覺醒使我能隨時隨地覺察復活主的同在，用祂的眼光來看自己和周遭的世界。

漸漸地我更領悟到，要領受基督耶穌的心並不是一件複雜的事。我們只要操練將所有的思想放下，持守我們要親近祂並降服於祂的單純意願，聖靈自然會「將人所有的心意奪回，使他都順服基督」(林後十5)。我們每天規律地操練歸心祈禱，在祈禱中放下思想，單純地回到禱語，繼續向上帝敞開，並接受祂的臨在，我們就是在孕育單純與覺醒的默觀心態，使我們能以基督耶穌的心為心。

隨著歸心祈禱操練的進深，我們對複雜人生的回應也會愈來愈簡單、單純。單純的心態使我們能享受平凡的生活，以簡樸為樂，接納自己與他人。一位姊妹操練歸心祈禱幾年後，變得愈來愈單純。有一天她跟我說：「我渴慕簡樸生活，我不想戴首飾，我喜歡穿簡單的衣著，吃簡單的食物。我的生活簡單，我的需要不多，我想要更多地奉獻。」

單純與覺醒的默觀心態使我們能隨時覺察上帝同在的事實，生命因著默觀的單純而豐富。我們不為昨日懊惱，也不為明天憂慮，我們的「生活、動作、存留」(徒十七28)都在上帝裏面。

溫柔與不費力

溫柔是耶穌的性情。耶穌要我們成為像祂一樣溫柔的人。祂說：「我心裏柔和謙卑，你們當負我的軛，學我的樣式；這樣，你們心裏就必得享安息。」

（太十一 29）耶穌在山上宣講「八福」時說：「溫柔的人有福了！因為他們必承受地土。」（太五 5）「地土」指的不是屬世的房地產，乃是屬靈的福分。溫柔的人活出「八福」的教導，成為天國的子民，是一個靈裏十分富足的人。

歸心祈禱的操練孕育溫柔的性情。歸心祈禱的規則三說：當我們被思想攪擾時，就輕柔地回到禱語（ever so gently return to the sacred word），其中 "ever so" 這兩個英文字是要強調很輕、很柔地回到禱語是何等重要。這也是我們要一而再、再而三繼續不斷學習、操練的。

溫柔就不費力。當我們以溫柔操練歸心祈禱時，我們溫柔地回到禱語，我們的操練自然是毫不費力的。默觀也是不需費力的。溫柔毫不費力的操練自然使我們向不需費力的默觀敞開。有一個初學歸心祈禱的學員求好心切，每當思想來攪擾時，她就心裏喊著她的禱語「主啊」，雖然無聲卻十分用力。其實她不需要這樣費力的，因為歸心祈禱是不使力的祈禱。我們不需與思想抗爭，我們只要溫柔地回到禱語。

中世紀有一位作者說，我們與上帝聯合是因為祂的恩典和我們的愛。他以輕鬆「轉向家的愛」（homeward-turning love）來形容「默觀」。[2] 我們開車外出時，會注意路況，留意每一個轉彎，免得迷路。

但要開車回家時，我們就輕鬆了，行駛在熟悉的路上，我們不需要看地圖或用到 GPS。我們的方向盤輕鬆地轉向家的方向，我們無需費力，車子自然會把我們帶回家。

上帝是我們真正的「家」，祂無所不在，無時不在，充滿萬有。我們想要回到這個家，我們是輕鬆的、不需使力的。我們只要接受祂臨在的恩寵，我們便在祂裏面，祂也在我們裏面了。這溫柔、不費力轉向家的愛，就是默觀。[3]

在歸心祈禱中，我們只做兩個無形的動作：第一個動作是，一有思想就溫柔地回到禱語（或任何一個神聖記號）；第二個動作是，絲毫不使力地接受基督在我們內裏溫柔的臨在，並以此為祈禱的真源頭。從第一個動作移向第二個動作，是從歸心祈禱過渡到默觀恩賜的過程。[4]

溫柔是參與上帝行事的態度，是既堅定又溫柔地行事。我們努力工作，但我們也會停下來，向後退一步，觀看上帝的作為：看上帝如何在我們身上與他人身上成就祂的旨意。溫柔使我們參與上帝的工作，使我們能像上帝一樣，在工作中卻滿有安息。

歸心祈禱中，溫柔與不費力的心態會使我們在現實生活中溫柔對待自己的不完美，並且更信靠上帝的愛，將自己有缺陷的人性獻上給祂，讓祂在我們內裏自由地作雕塑的工作。祈禱中的溫柔也使我們以溫柔、愛與憐憫待人。上帝溫柔、愛與憐憫的生命，於是透過我們而進入世界。

放下與容許

歸心祈禱是放下的祈禱。根據默觀傳統的教導，放下是不去注意我們思想的內容，溫柔地回歸上帝。[5]在二十分鐘的祈禱過程中，我們不但放下簡單的思想、種種的情緒，連我們認為寶貴的靈感、亮光、信息、愉悦的經歷，甚至要為人代禱的感動也都放下。歸心祈禱的教導是，放下一切思想，回到禱語，回到上帝的臨在中，繼續禱告。若它們真是出自聖靈，我們不會失去它們，它們會回來的。請記住，我們是在祈禱的二十分鐘放下這一切，一旦祈禱結束，我們就可以為人代禱，或思想剛才在祈禱中得到的亮光。

這個放下的操練看似嚴苛不講理，但它卻要帶給我們天國的福分。在祈禱中，當我們放下一切看似美好寶貴的亮光或經歷，願意不計代價地留駐在無為的靜默中，我們抱持的態度是在深化、強化靈魂，就是辛希雅．布爾高牧師所說的「屬靈的不佔有」（spiritual non-possessiveness）。這個屬靈的不佔有的態度，將一路保護、引導我們。[6]

甚麼是屬靈的不佔有呢？不佔有的英文“non-possessiveness”有不擁有、不抓取、不執著的意思。一位愛主的老伯母在一年的聖誕節期，去紐約第五大道觀賞百貨公司琳瑯滿目、美不勝收的櫥窗裝飾與商品，回來後她說：「今天去逛街，櫥窗的佈置真是美不勝收耶！我享受在其中，但我一點都不想要擁有它。」她享受卻不需擁有的心態正是不佔有的態度。

耶穌看重屬靈的不佔有的態度。在「八福」的第一福，祂說：「心靈貧窮的人有福了！因為天國是他們的。」（太五3，《和合本修訂版》）耶穌自己也身體力行，祂拒絕將石頭變成食物，表現了屬靈的不佔有的心態。

要佔有、要擁有、要獲得屬世的或屬靈的好東西，乃是人之常情。我們既然花了時間操練靜默、靈修，當然期待會有所得，例如：聽見上帝的聲音、得到亮光、靈裏的安慰。中國宣道神學院前院長何傑說這是「消費心態」：[7] 我有付出，就要有所得。在靈修生活中，若我們不能超越這種消費心態的話，我們生命的成長將受到限制。我們將停留在一般意識的層面與以自我為中心的境界，而不能進到屬靈意識的層面，達到我們所渴慕的與上帝聯合的境界。我們要與上帝聯合，就必須放下其他次等的經驗，如靈感、亮光、屬靈的安慰等。

在腓立比書二章5節，保羅勸勉說：「你們當以基督耶穌的心為心」，接著在6至11節這段美如讚美詩的經文中，他呈現耶穌基督「自我倒空的愛」（self-emptying love），並要我們效法祂：祂不以自己與上帝同等為「強奪的」（grasped），反倒「虛己」（self-emptying; made himself nothing）（腓二6～7）。強奪的意思是抓取、據為己有。虛己是倒空、放下自己。我們從上下文可看出，虛己正是強奪的反面。

接下來的經文說，基督耶穌「取了奴僕的形像，成為人的樣式；既有人的樣子，就自己卑微，存心順服，以至於死，且死在十字架上」（腓二7～8）。耶穌的一生是倒空自己，不斷放下的典範。從福音書中，我們看見耶穌以祂的教導和榜樣，邀請我們跟隨祂踏上這倒空自我、放下自己的旅途。[8] 祂告訴我們：不要怕！不要憂慮！不要積財！不要相爭！由此可見，放下是基督的跟隨者必須學習與操練的。

在歸心祈禱中，我們不斷鍛煉放下的屬靈肌肉。我們將思想一個、一個、又一個地放下。我們愈能在祈禱中放下思想，就愈能使不抓取、不佔有的心態刻印在我們的靈魂裏，也愈能在生活中放下對人、事、物的執著。結果是，我們對生活中的種種境遇也能放下，我們不會說「事情非這樣或那樣不可」，我們接受上帝量給我們的人生。我們能像那位老伯母一樣，享受世上的好東西，卻不執著於它們；沒有它們，我們也很快樂。我們在歸心祈禱中放下思想，與一切我們認為寶貴的經歷。漸漸地屬靈的不佔有的心態在我們內裏被強化，使我們對世上的名利富貴、靈性經驗，甚至屬靈高峯，都能隨時鬆手並放下。

與放下的心態分不開的是容許（letting be）的心態。二者是一體的兩面。放下是主動、積極的默觀心態，容許則是被動、接受性的默觀心態。放下是我們採取行動，藉著回到禱語或直接回到上帝的臨在，放下對思想、情緒，以及各樣事物的執著。容許是更精煉的信心與信靠，我們相信一切都將成為美好。[9] 當我們在祈禱中容許思想、情緒存在，我們是在孕育容許這個接受性的默觀心態。容許的默觀心態使我們更能擁抱自己的人生，接納自己，接納別人，容許別人做自己。

約在數年前，有一位向來愛主的姊妹開始學習歸心祈禱，並規律地參加歸心祈禱小組的聚會。在聚會中她沉默寡言，不常分享。但從她最近發生的事，我窺見了她生命的深度——原來放手與容許的默觀性情已無聲無息地在她生命中孕育著。有一天我問起她丈夫的近況，她說，他最近被詐騙集團騙走了台幣一百三十幾萬，痛不欲生。所以她有幾天沒有外出工作，留在家裏陪伴他。我聽到的當下對她非常疼惜不捨，我知道對他們的家庭而言，這是一筆相當大的金錢。可是這位姊妹卻心平氣和地述說此事，彷彿不是發生在她身上的，以後也沒再提及。當我再次關心她時，她說，其實她很感謝上帝，因為她的丈夫在這個事件之後，開始和她一起參加週三晚上的小組聚會，並接受牧師的指導。這位姊妹放下辛苦的「血汗錢」，容許此事發生而毫無怨言，自由地擁抱當下的境遇。這是放下與容許的默觀心態，是以基督耶穌的心為心。

隨著操練歸心祈禱的進深，我們使用禱語的次數會減少，甚至有時完全不用禱語。我們發現只要在內裏向著上帝移動就夠了，不需任何記號。使這個向上帝移動、內在的、接受性的動作敏捷活潑的，就是容許的默觀心態。[10] 於是我們沐浴在上帝的同在中，與祂親密相交。我們知道，我們不需去任何地方，祂已在我們裏面，我們也在祂裏面。思想與情緒還在，我們容許它們在我們的意識表層漂流著。若受到它們的干擾，我們就從內裏輕輕地移向上帝。漸漸地我們向基督虛己的愛敞開，使我們從執著中得釋放，放下自我中心與自我努力，而降服於基督。

擁抱與被擁抱

擁抱是積極主動的默觀心態，將我們帶進信心更深的層面，[11] 也就是成熟的信心。成熟的信心是，相信上帝臨在於我們生命的各種境遇中，包括平凡的生活、順境、逆境與火一般的試煉中。上帝也臨在於我們正面和負面的情緒中，並且在其中做工。上帝透過我們的正面情緒，以及我們對它們的不依賴、不執著，帶我們進到圓滿的生命裏。上帝也在我們的負面情緒中做工，使我們更多向自己的人性開放。我們愈多向自己的人性開放，就愈能以憐憫待人。隨著我們歸心祈禱的操練日漸進深，我們愈能在不斷干擾我們的思想、情緒與身心靈的折騰中，擁抱臨在其中的上帝。

擁抱的反面是抗拒。當我們抗拒我們的境遇、情緒，我們也在抗拒上帝在我們身上要做的轉化生命之工。默觀的操練降低我們的抗拒。因此，成熟的默觀操練會改變我們與苦難或情緒的關係。基廷說，要放下情緒，最好的方法乃是單純地去感覺它，包括痛苦的情緒，甚至肉身的痛。我們若全然地接受它，它就會散開，它的強度會減輕。擁抱是很值得學習的操練，因為我們不只是擁抱感覺，更是在感覺中（如心靈的或肉體的痛）擁抱上帝。在基督徒默觀的操練中，在各種境遇中擁抱上帝的臨在與祂的作為，使我們漸漸長大成熟。

有一年的夏天，我下背的疼痛加劇，翻身下床都痛如刀割。我去看曾經幫助過我的女醫生。她說，這是老化的現象。我心想:「有誰不老化呢?」我的心情掉入谷底。當時我在讀弗雷納德剛出爐的新作。他寫道:「耶穌教導我們,上帝是在暗中的父(太六6)。所以,面對生命中的挑戰的祕訣,就是要更深地進入上帝裏面。」[12] 我想起二十幾年前耶穌對我的邀請:「到我這裏來。」(太十一28)在初學歸心祈禱時,我回應耶穌的邀請,我來到內住我心中的耶穌面前。讀著弗雷納德的著作,耶穌似乎再次邀請,要我在這疼痛沮喪的時刻更深地進到祂裏面。

弗雷納德接著寫道:「在歸心祈禱中,你知道上帝暗中臨在於你的苦難中,所以你不去想所發生的事,而是以信心積極擁抱那位內住在你強烈感覺中的聖靈。」[13] 過去許多年,我求上帝為我踐踏「背痛」這個仇敵,但我決定回應耶穌的邀請,照著弗雷納德的教導,學習進到我的痛中,擁抱那位臨在我的痛中的上帝。在歸心祈禱的二十至三十分鐘內,我就進到最痛的那一點,在痛中擁抱上帝,如同我將上帝與痛一起擁入我懷中。這是純信心的舉動,不憑感覺,也不憑眼見。因為我相信無所不在的上帝充滿萬有,祂隱密地臨在我纖維化的肌肉與發炎的韌帶裏。這樣操練一段時間後,我發現當我擁抱上帝的時候,我的注意力從痛轉向上帝,痛就會減輕。

不久我又發現,當我擁抱上帝的時候,我需要用雙手雙臂去擁抱祂。因此在歸心祈禱的時間內，我的雙手必須放下一切不是上帝的，包括要得醫治的渴望。我單純地為愛祂而擁抱祂。有一天，我在電子書（Kindle）上讀到一句話：「信心就是擁抱我們所愛的上帝的雙臂。」[14] 我心深深共鳴，因為這正是我的體會。

然後我也體會到，當我擁抱上帝的時候，祂也擁抱我。祂以慈愛的雙臂，將我和我的痛擁入祂懷中。我深知這是愛我的上帝必然的回應。在一次的歸心祈禱工作坊中，我分享了這個經歷，一位弟兄在課後告訴我：「老師，我傷心難過的時候，會擁抱我的妻子。」我就問他身邊的妻子：「你怎麼回應你丈夫的擁抱呢？」她說：「我也擁抱他。」是啊！這是理所當然的。我擁抱上帝，上帝也必擁抱我。

彼得前書一章 8 節常幫助我：「你們雖然沒有見過他，卻是愛他；如今雖不得看見，卻因信他就有說不出來、滿有榮光的大喜樂……」現在我更相信這句話會成為我生命的實相。除了歸心祈禱之外，我在上帝的帶領下尋求醫治，包括西醫、中醫、服中藥、做食療、運動、注意坐姿、不久坐、調整作息與飲食習慣。上帝也臨在我的努力中，祂使萬物成為祂的僕役（詩一一九 91），使用我這一切的努力來幫助我，讓我的痛漸漸減輕，睡眠漸漸改善。如今我感覺痛的時候，我還是會進入痛中，擁抱那位臨在痛中的上帝，並享受祂的擁抱。擁抱上帝與被上帝擁抱的默觀心態，使我「雖痛卻不苦」。

基督在客西馬尼園獨自祈禱時，祂知道祂將要經歷無法言喻的身心靈的痛苦。路加福音記載：「耶穌極其傷痛，禱告更加懇切，汗珠如大血點滴在地上。」（二十二 44）祂心靈的煎熬由此可見一斑。但耶穌順服，以至於死，留給我們——跟隨基督的默觀者——擁抱苦難的最佳榜樣。我們受苦時，支撐我們的就是我們對基督的降服，我們不以任何物事為依靠、全然地投入基督的懷中：在苦難中擁抱基督，也被基督擁抱。

以基督耶穌的心為心

不論我們的境遇如何，讓我們繼續透過歸心祈禱的操練，與愛我們的主相交，深化我們與祂的關係。當我們在每一個當下能看見基督的臨在，我們就是走在轉化生命的屬靈旅途中。我們相信，祂隱藏在每一個試煉中，每一個不容易相處的人裏，每一次牙痛中，每一次意外事件中，以及每一次歡喜快樂的經歷中。

聖靈會在每一個降服於祂的靈魂內做孕育之工：

孕育單純與覺醒、溫柔與不費力、放下與容許、擁抱與被擁抱的默觀心態。隨著我們的默觀心態成熟，真我就漸漸取代假我，基督耶穌的心也漸漸在我們心中成形——我們在不知不覺中以基督耶穌的心為心。

11

歸心祈禱與靈恩

五旬節到了，門徒都聚集在一處。忽然，從天上有響聲下來，好像一陣大風吹過，充滿了他們所坐的屋子，又有舌頭如火焰顯現出來，分開落在他們各人頭上。他們就都被聖靈充滿，按著聖靈所賜的口才說起別國的話來。（徒二 1～4）

二十世紀靈恩運動的得與失

二十世紀的靈恩運動重新喚醒基督徒對聖靈大能的認識，並使今日的基督徒經歷保羅和使徒行傳所描述的聖靈的奇妙作為。華人作家溫偉耀博士在他的著作中，中肯地發表他對靈恩運動的觀察。他說，靈恩運動為敬拜帶來清新的氣息，弟兄姊妹將他們的情感投入在敬拜中，全心全意地愛主，與傳統用腦敬拜的模式很不一樣；靈恩派信徒對聖靈的敏銳和真實感，以及他們在尋求身心靈的醫治上對聖靈的信靠和經歷，都是一般傳統教會的信徒所不能及的。他也看到有些信主多年不冷不熱的基督徒，一旦去過靈恩的聚會，他們的生命就有很大的改變。他們不但殷勤聚會，人生方向也開始改變。

然而，在陳述靈恩運動的正向貢獻之外，溫偉耀也提出靈恩派信徒需要注意並追求平衡之處。因為靈恩運動是建立在上帝的同在與能力的熾熱經驗上，信徒容易犯一個錯誤：一味追求高峯經驗，卻忽略屬靈生命的成長是有山頂、有平原、有低谷的事實。他提醒我們，沒有人能恆常保持在高峯狀態，而且高峯經驗不等於屬靈生命的成熟。他以美國靈恩電視佈道家會犯下驚人罪行為例，勸勉我們在靈性成長的事上要腳踏實地追求。他的建議是要多下工夫，聆聽上帝的聲音，培養安靜的心，免得與上帝的關係始終是跳躍的關係，並不真實。[1]

追求高峯經驗與經歷疲憊感

在二〇〇五年被《時代雜誌》評選為最具影響力的福音派人物之一，美國公認的傑出教會領袖麥拉倫（Brian McLaren），在二十幾歲時就與靈恩派的信徒來往，這樣的經驗大大地豐富了他的生命。然而，他也體會到，不斷追求高峯經驗的確是一件令人疲憊的事。

他說，靈恩派信徒相信，必須跨出信心的一步，才能經歷到耶穌的靈。如果你在船上不願向水中跨出一步，就不能期望聖靈能使你在水面上行走。因此，要是你還坐著，你必須站起來；要是你站起來，就必須拍手；要是你拍手，就必須舞動身體；要是你舞動身體，就必須大聲呼喊。好像在跑步機上運動一樣，你必須更加費勁，才能「激發」出對聖靈的經驗。因此，曾經令你感到興奮的事，可能變得令你疲憊。[2]

在平淡中經歷耶穌的同在

在與靈恩派信徒接觸的過程中，麥拉倫也閱讀天主教默觀的作品，並與一些天主教默觀者見了面，他們幫助他從靈恩經驗的疲憊中學到功課。他發現天主教默觀者與靈恩派信徒的共同點是，二者都熱切地相信復活的耶穌在聖靈中與我們同在，而且祂的同在是我們可以經歷到的。然而，二者不同的是，默觀者並不是透過不尋常的經驗，而是在平淡的日常生活中，來經歷耶穌的同在。[3]

平淡的日常生活，就是溫偉耀所說的平原的生活。基督徒要學習在平凡的日子裏活出與上帝親密的生命。這也是勞倫斯弟兄（Brother Lawrence）在他的名著《清修庖廚中》（*The Practice of the Presence of*

God；意思是操練與上帝同在）一書中的見證。他能在忙碌的廚房，一邊削馬鈴薯，一邊敬拜上帝，與在聖堂敬拜沒有兩樣。在餐廳裏，在「我要麵包，我要牛奶……」的叫聲與吵雜中，他說，他仍然擁有上帝。在平凡中經歷上帝的同在，正是默觀生活要帶我們去的境界。

方言乃預備進入歸心祈禱

基廷則建議有靈恩經驗的基督徒，在熱情的敬拜讚美和方言禱告之後，進入靜默。方言是不用意念的祈禱，所以有方言恩賜的弟兄姊妹已經預備好，可以進入靜默的默觀祈禱。[4]

在過去十八年教導歸心祈禱的歷程中，我的觀察是，多數有方言恩賜的基督徒比一般福音派基督徒，更能接受超越言語、意念的歸心祈禱。前者在接觸歸心祈禱時，往往如魚得水一般，很快就進入歸心祈禱的靜默中。我相信這是因為，如基廷所說的，聖靈已預備了他們在祈禱的路上進深。

然而，也有些靈恩派的基督徒與福音派的基督徒對歸心祈禱有疑慮，因為他們害怕，自己不用思想時，惡者會乘機而入。但事實是，當我們在心靈的深處、聖靈的內殿中，靜默祈禱時，惡者是絕對無法進入的，因為那裏是上帝掌權的國度。

接受台北靈糧神學院的邀請

二〇一二年春天的一天下午，我接到台北靈糧神學院的電話，邀請我去主領九月開學前的師生靈修會，而且表明他們要學習默觀靈修。這是我接觸靈糧堂系統基督徒的開始。那次主領靈修會的經歷讓我畢生難忘。在三天兩夜的靈修會中，全體師生全程持守靜默。他們上課時專注聆聽，操練時全人投入，在在流露著對與上帝親密的渴慕。

之後我再接受該神學院牧靈諮商碩士科主任謝陳麗貞師母的邀請，於二〇一三年的春季（第二學期）到該神學院教授「屬靈操練」課程，內容是導向默觀的靈修操練，包括獨處靜默、歸回安息、想像默想、聖言心禱、解執釋放、默觀大自然等等。歸心祈禱則是該課程的高峯。

在五十幾位學生中，除了幾位是全職傳道人，絕大多數是來自全台各教會的平信徒領袖，其中不乏已受過高等教育、在專業上有成就者。他們的共同之處是在教會積極投入服事，並有一顆渴慕上帝的心。他們多數熱誠地回應在課堂上的學習，在默觀靈修操練中享受與上帝親密的甘甜，經歷生命被上帝轉化的喜悅。有些學生甚至把他們所學的帶到他們的小組，與組員們分享。這一羣向著聖靈和聖靈工作敞開的學生，如今繼續渴慕並操練在默觀中與上帝培養親密關係。

歸心祈禱進入新竹靈糧堂

在靈糧神學院上過屬靈操練課程的學生中，最用心在教會推動歸心祈禱和默觀靈修的應是來自新竹靈糧堂的六位姊妹。

新竹靈糧堂是一個向聖靈和聖靈工作敞開的教會。該教會除了高舉基督、重視聖經真理的教導之外，也十分重視平信徒領袖的培育。二〇一三年的春季，教會的師母和五位身為平信徒領袖的姊妹，每週一起從新竹開車到台北靈糧神學院上屬靈操練課程。課程結束之後，她們在教會成人主日學開始開設屬靈操練課程。六位姊妹輪流教導，她們所教的課程都是導向默觀的靈修操練。到二〇一七年秋季已是第五次在成人主日學開課。

課程結束前一週的週末，這六位姐妹會邀請我去主領她們舉辦的「歸心祈禱工作坊」。每一次都有數十位弟兄姊妹參加。從他們用心學習的態度，我可以感受到歸心祈禱對他們的吸引。至今該教會學習歸心祈禱的人數已超過兩百人，也有一些弟兄姊妹在屬靈操練課程中經歷聖靈的煉淨、醫治與生命的轉化。

以下是其中一位鍾姊妹的見證。鍾姊妹在就讀小學時，曾在課堂上被老師打耳光，當眾被羞辱。從此她開始懼怕權威人士，一上台就會恐慌。雖然她參加主日學屬靈操練課程時，已是一位享有美滿家庭的中年婦女，但這種恐懼還是如影隨形。課程結束時，同學們要一一上台作見證。鍾姊妹將見證寫好，交給她的主日學老師，她說她不敢上台，請老師替她唸。但老師鼓勵她說，這是一個突破的機會，要她勇敢上台。於是鍾姊妹上台了，她一站上講台，就一直發抖，嘴唇顫抖，拿著講稿的雙手也抖到看不清自己講稿上寫的字。她的老師陪在她身邊，一手握著她不住顫抖的手，另一手按著她的肩膀。奇妙的是，當她講完見證時，顫抖竟然停了。後來在上另一個課程時，她又得上台分享。這次鍾姊妹不再顫抖了，主醫治了她！那些見證到她幼年的創傷得醫治的同班弟兄姊妹，都大受激勵。而她的牧區區長也注意到她的改變，並且告訴主日學老師說，鍾姊妹變得很不一樣。

兩年前新竹靈糧堂成立了歸心祈禱小組，並定期聚會，讓弟兄姊妹們除了每天在家各自操練之外，也能參與羣體的操練，彼此鼓勵扶持。歸心祈禱就此成為新竹靈糧堂培育信徒靈命的管道之一。

在動與靜中取得平衡

我所接觸過有靈恩經驗的弟兄姊妹，都覺得歸心祈禱為他們的屬靈生活帶來平衡，並使他們的生命更豐富。其中有一些人分享，在活潑的敬拜讚美之後進入安靜，這動與靜的平衡帶給他們甜美的安息，使他們不至於陷入麥拉倫所經歷的疲憊感。

有一位在靈恩教會聚會的蔡姊妹，二〇〇九年到中台神學院選修我教授的「靈性塑造」課程，自此開始學習歸心祈禱。為了加深學習的果效，她於二〇一〇年又重修此課程。

在還沒有上課之前，蔡姊妹已多年受子宮內膜異位症和子宮肌瘤的折騰。學了歸心祈禱之後，她與我分享操練歸心祈禱如何幫助了她。每晚睡前，她先用方言禱告斥責她的病，然後進入歸心祈禱。她說：「我就帶著平靜安穩的心入睡。」接著她有感而發地說：「靈恩經歷一下子就過去了，但歸心祈禱卻使我能時時刻刻與上帝同在。」後來她又告訴我，子宮內膜異位症已於二〇一一年完全得醫治，而子宮肌瘤也縮小到連醫生都看不見了。現在睡前，她不需再斥責她的病了，她在感謝、讚美之後，進入歸心祈禱。

她也與我分享，她如何在情緒高昂的敬拜與靜默的敬拜之間取得平衡。每當她參加大型的靈恩聚會，她會積極參與在情感澎拜的敬拜中，大約三十分鐘後她就坐下來，完全地靜默。會場中的大哭、大笑與呼喊，一點也不會妨礙她的靜默。她說：「我在高昂的情緒中親近上帝，我也在靜默中親近上帝。這樣使我的屬靈生命得以更深入、更真實地成長。」蔡姊妹的成長是有目共睹的：她的丈夫看見了，她的教會牧者也看見了。二〇一二年她被教會按立成為實習傳道。

像蔡姊妹一樣，我所認識的靈恩教會的弟兄姊妹，多數樂意擁抱歸心祈禱，使它成為他們靈性生活的一部分。有一位弟兄說，他本來一早起來先用方言禱告才出門。學了歸心祈禱之後，早晨起來他就先歸心祈禱二十分鐘。出門後，他一邊開車，一邊用方言禱告，直到抵達公司。

歸心祈禱為靈恩加分

歸心祈禱和默觀靈修對今日向聖靈敞開的基督徒會有這樣的吸引力，我相信是聖靈的工作。祂的美意是要渴慕上帝的兒女都能與上帝聯合。歸心祈禱的教導是，在祈禱的過程中，放下所有的屬靈經驗，不論是多麼寶貴的亮光或靈感，都要放下，回到上帝的臨在中繼續親近祂。藉此微妙的捨己，我們向上帝表達，我們要的是賜恩的主，而不是祂的恩賜。若我們在祈禱中操練放下，在生活中我們也更能放下。

溫偉耀對靈恩派基督徒的提醒是，不要執著於高峯經驗，而要腳踏實地地追求。(其實這也是對所有基督徒的忠告。)如在第五章羅爾提醒我們的，前一回經歷上帝的經驗，往往是下一次經歷上帝的最大阻礙。歸心祈禱直接對付我們執著於經驗的這個人性軟弱，教導我們要放下，不要緊抓。藉著歸心祈禱，我們將每一樣好東西(包括經歷上帝的經驗)都交回給上帝，我們就常常有空處，讓上帝能更多地充滿我們。

向默觀傳統敞開，接受超越言語、思想的默觀操練，會為渴慕靈恩的基督徒加分。這正是歸心祈禱能貢獻之處：它要帶領向聖靈敞開的上帝的兒女，超越外顯的靈恩經驗，踏上一條靈命進深之路，更深地與上帝合而為一，活出滿有聖靈的生命。

第四部
延伸

12

活動中的禱告

不住地禱告……（帖前五 17）

何謂活動中的禱告？

我每天清晨和傍晚（或晚上）都做二十至三十分鐘歸心祈禱。這兩段時間的靜默，讓我享受到上帝同在所帶來的安息。但在早晨與晚上之間的十至十二小時，我卻多半在忙碌的活動中生活。忙碌與過多的活動使我不容易意識到上帝的同在，活動中的緊張也取代了上帝同在帶來的安息。

一九九三年，我參加紐約上州蝶蛹家園靈修中心所舉辦的默觀生活課程，在那裏學習了默觀外展網絡推廣的「活動中的禱告」(Active Prayer)。活動中的禱告意指在不需用腦的日常活動中，以簡短的禱文不住地禱告。因為這個禱告，能夠在吸一口氣的時間內說出來，因此在教會歷史中也被稱為「一口氣的禱告」或「呼吸的禱告」(Breath Prayer)。

活動中的禱告的目的，是透過我們在日常生活中用一句簡短的禱文不斷、重複地禱告，讓這句話整天伴隨著我們，使禱文深植在我們心中，成為我們隨時的幫助。操練活動中的禱告，可幫助我們在忙碌的活動中，與上帝保持聯繫，深化「上帝同在」的意識。假以時日，上帝的同在會漸漸成為一個不變的背景，我們在其中「生活、動作、存留」，我們活在上帝的同在中，「不住地禱告」。

沙漠教父的典範

用簡短的禱文不住禱告的靈修操練，是四世紀的沙漠教父留給我們當代基督徒的禮物。他們一邊工作，一邊用短如一口氣的禱文不住禱告，例如：「主啊！幫助我」,「主啊！憐憫我」,「主啊！救我」。他們相信禱告不需冗長，免得為了尋找話語而失去對上帝的專注。

沙漠教父克利馬科斯說：「幼兒簡單重複的話是

我們的天父最難抗拒的。……稅吏口中的一句話，就足以贏得上帝的憐憫，強盜出自信心一句謙卑的祈求，就足以使他得救。禱告時話太多使心分散，簡單的字句使心專注。」[1]

沙漠教父堅稱「心」就是我們禱告的地方。他們的禱告句句發自心靈深處。他們以重複一短句的禱告實踐不住地禱告，因為追求達到不住禱告的境界，乃是他們進入沙漠的真正目的。

發現自己的禱文

《禱告真諦》(*Prayer: Finding the Heart's True Home*)的作者傅士德(Richard J. Foster)說，一口氣的禱告是被發現，而非被創造的。[2] 我的經歷確實是如此。

在一九九三年參加的默觀生活課程中，靈修導師瑪莉引導我們，去發現專屬我們個人的短如一口氣的禱文。她要我們先靜默一段時間，然後用信心的眼睛看見主耶穌來到我們面前，一一呼喚我們的名字，問道：「孩子，你要我為你做甚麼？」接著我們在靜默中，讓心中最深的渴望湧上來，再以一個簡短的句子表達這個渴望，之後就在活動中不住地用它禱告。瑪莉說，禱文要簡短，最好不超過九個英文音節。

在她的引導之下，我以信心的眼睛看見復活的主來到我面前，輕喚著我的名字，慈聲對我說：「孩子，你要我為你做甚麼？」當時我已多年為背痛所苦，服事常力不從心。在靜默中，我心中湧上來的話語是"Lord, empower me to serve you."（「主啊！賜我力量服事祢。」），緊接著又有一句話湧上來，"Jesus, make me whole."（「主耶穌，醫治我。」）。再安靜一段時間之後，同一句話繼續湧上來。於是我認定後面這句"Jesus, make me whole."就是我心靈最深的渴望，因為當時對想要服事主的我而言，健康的身心最重要。

在每個人都發現自己的禱文之後，瑪莉要我們走出戶外，在樹林花叢中，邊走邊用此句禱文禱告。她也鼓勵我們，為自己的禱文譜上喜愛的音調，邊走邊輕輕地唱。她的用意是要讓這句禱文深植在我們的潛意識裏，以致於在我們需要時，它會自然從心中湧出來，成為我們隨時的幫助。

在我發現的這句禱文"Jesus, make me whole."中，我尤其喜歡"whole"這個英文字，它意味著全人的醫治——健全的身心靈。課程結束回家後，只要我記得，就隨時隨地用這一句禱文禱告。游泳、洗碗、打掃、開車、等人、候車、在浴室、去公園散步，以及在醫院的候診室，我都操練使用這句禱文。有時開車時，我會搖起車窗，用自己編的曲調唱著“Jesus, make me whole.”。我知道愛我的阿爸天父不會嫌我五音不全，所以我盡情地唱著；我知道祂喜悅我，也正在垂聽我的禱告。就這樣，我用這句禱文操練在活動中禱告有七年之久。這個禱告帶給我內在的醫治，多過身體的醫治。我也體會到貴格會學者暨牧師多馬·祈里（Thomas Kelly）所說的，這個禱告的特色是「不拿取時間，卻佔據了我們全部的時間」。[3]

禱文的發現因時空而易

在屬靈旅途的不同階段，我們可以發現不同的禱文來表達我們當下的渴望。這二十幾年來，我用過幾個不同的禱文來操練活動中的禱告。每一個禱文都代表我當時心中最深的渴望。

有一年我去以色列旅遊，在客西馬尼園默想耶穌被捉拿前在園中禱告的那一幕時，耶穌的禱告：「不要從我的意思，只要從祢的意思」，就從心中湧出。這句中文禱文有十四個字，我用這句話在活動中禱告了一段時間。不久，它就被只有七個音節的英文禱文“Not my will but thine be done.”所取代。這句英文禱文不斷激勵我效法基督對天父的降服。有一段時間，在清晨的歸心祈禱之後，我一邊用這句話禱告，一邊走進廚房預備早餐。日積月累，我在歸心祈禱中孕育的降服意願，藉著這個禱文延伸到我的日常生活。不論我背部的狀況如何，生活中有甚麼艱難的挑戰，我都藉著這個禱文向天父表達：我願降服於祂，接受祂的安排。

有時從閱讀或別人的分享中，我們也會發現自己的渴望。有一年在紐約上州參加十天的歸心祈禱靜默退修會時，一位靈修導師分享了他的禱文“Breath of God, breathe in me.”(「聖靈，請在我內吹拂。」)。我一聽到這個禱文，就深受感動。這個接受性的、默觀心態的簡短禱文，道出我當時無法表達的渴望：我願意讓上帝在我裏面自由地做祂喜悅的事。於是這個禱文也成為我的禱文，一直到今日。

在活動中禱告的禱文，有時是在我們讀經時發現的。有一天我在晨禱時讀到耶穌的話：「你們要常在我的愛裏。」(約十五9下)當下這句話觸摸了我。那天下午我走在台中的學士路上，再次感受到聖靈的觸摸，於是「要留守在耶穌的愛裏」的渴望油然而生。於是我對主說：「主耶穌，保守我在祢的愛裏。」我一邊走，一邊這樣禱告，後來我的禱文簡化成「主耶穌，保守我」。艾克哈特曾說過一句幽默的話：「上帝常在家，我們卻出門散步去了。」[4] 透過活動中的禱告，我的渴望是要常住在耶穌的愛裏，以此為我的家，不要出門散步去了。

內心為上帝騰出空處

然而，操練在活動中不住地禱告並不容易，我們常常還是出門散步去了。像我操練至今仍不完全，有時有口無心，忘記的時候遠比記得的時候多，但是我不自責，也不控告自己。當我發現自己有口無心時，我就讓我的禱文再次溫柔地從內心湧出；當我發現我忘記禱告時，我再繼續操練。

即使是斷斷續續的操練，我發現自己的內心漸漸被倒空，騰出空處給上帝，使我能和祂在一起。即使和上帝在一起的時間是短暫的，其累積的效果卻不容小覷。雖然我還沒有達到時時活在上帝的同在中的境界，卻常常享受著當我用心時、我記得時的禱告，因而經歷羅北克（Frank C. Laubach）在給他父親的信上所寫的：「喔，時刻與上帝保持接觸，使祂成為我思想的對象與談話的伴侶，這是我生命中最奇妙的經歷。」[5]

因此，我們不要因操練不完全就停止在活動中的禱告。請記得，每一次我們禱告，我們的內心就在為上帝騰出空處。而且我們的天父了解我們是帶著人性的軟弱追求，我相信我們的追求必討祂喜悅。

經歷與上帝親密同行

除了在內心為上帝騰出空處，操練活動中的禱告，還會幫助我們經歷與祂親密同行。在中台神學院教授舊約課程的老師鍾平貴牧師，就有這樣的經歷。

鍾牧師在大學剛畢業時，一位屬靈的兄長教他用「一個短句」不住地禱告，回到內心深處親近主，過一個與主親密的幔內生活。當時年輕的鍾弟兄很聽話，立即開始操練在日常的活動中不住地禱告。

他大學畢業入伍當兵，有一個單兵基本訓練課程要士兵在豔陽下以立正的姿勢站立幾小時，兩眼凝視前方。他利用這段時間回到內心裏呼喊「主啊！主啊！」或是「主啊！感謝祢」。他深深感受到主的同在，即使揮汗如雨，內心卻異常平靜、滿有安息。

站衛兵時，他也在內心輕呼「主啊！主啊！讚美祢」。他說，兩個小時乏味的站衛兵時間，竟成了他親近主的最佳時刻，時間似乎很快就過去，他一點也不以為苦。

夜晚獨自前往營部開會是另一個讓鍾牧師難以忘懷的經歷。有時他要在沒有路燈的山路徒步行走二、三小時；他一路以簡短的禱文禱告，反覆唸誦。他回想自己在這段黑暗路程中所經歷的，不是恐怖，而是與主親密同行，滿有主同在的甘甜。

鍾牧師說，這些片段持續的操練，幫助他養成常常回到心裏親近主的習慣，使他能持續與主親密同行。他說，幾十年來，它已成為他莫大的屬靈資產，也幫助他克服了事奉上種種的困難。難怪許多中台神學院的學生都很喜歡上鍾牧師的課，因為他們從他身上得到的，不只是聖經真理的教導，更是他與主親密同行、豐盛生命的傳承。

經歷主的平安

平安，是操練活動中的禱告的人常有的經歷。我先前提過，在兒童生活成長營中教導小朋友歸心祈禱與活動中的禱告的陳姊妹，分享了生活成長營的一個小女生的見證。這個小學三年級的小女生本來很怕蟑螂。她學了活動中的禱告後，開始在生活中常常以「主，使我剛強」禱告。有一天她告訴陳姊妹：「現在我看到蟑螂不再害怕了。」主醫治了她，以平安取代了害怕。

操練活動中的禱告，也幫助了一位患重病的弟兄和他的妻子經歷主的平安。在新竹靈糧堂與五位姊妹一起教成人主日學「屬靈的操練」課程的張姊妹，有一天去探訪一位罹患末期惡性腫瘤的中年弟兄。這位弟兄每晚需服用止痛藥和鎮靜劑才能入睡。他和他的妻子都十分愁苦。張姊妹教他們用一個短句不住地禱告；這位弟兄和妻子的禱文分別是「主啊！我愛袮」和「主啊！幫助我」。當晚這位弟兄就開始操練，他沒有服藥，只以「主啊！我愛袮」不住地禱告。那晚他竟沒有疼痛，安然入睡。此後他每晚以這句禱文不住地禱告。他持續操練三個月，直到去世。在這三個月中，他停止服用止痛藥和鎮靜劑，身體卻沒有任何疼痛，內心滿有平安，夜夜安眠。他臨終前，張姊妹再去探望，問他有沒有繼續操練，他邊點頭，邊做出 "I love You" 的手勢，表示他愛主的心沒有改變。這位弟兄去世後，他的妻子極度憂傷，致使她也需靠安眠藥才能入睡。張姊妹與她諮商時提醒她，要用她選擇的那句禱文繼續操練不住禱告。她聽從了，日夜以「主啊！幫助我」不住地禱告。幾週後，她告訴張姊妹，她不再服用安眠藥，可以一覺到天亮了。這對夫妻在重病和憂傷中，藉著一個短句不住地禱告，保持與主的聯繫，經歷了主的平安。

在我以 "Jesus, make me whole." 這句禱文不住禱告的那七年間，我也一天兩次規律地做歸心祈禱。這兩個操練讓我不只在靜默中，也在活動中覺察上帝的同在。而這樣持續操練所累積的結果是，我更能活在當下，更能不為明天憂慮，也經歷到前所未有的平安。

發現你的禱文

你可以根據以下的步驟，發現專屬於你個人的活動中的禱文：

1. 在靜默中體會上帝的臨在，安靜等候。
2. 用信心的眼睛看見主耶穌來到你面前，讓主呼喚你的名字。
3. 心中浮現這個問題：「孩子，你要我為你做甚麼？」
4. 直接回答這個問題。也許一個名詞、一句簡短的禱文會在你的意識中出現。
5. 以你覺得最親切的名字稱呼上帝（例如：主耶穌，阿爸父），然後寫下你的禱文。禱文的長度，要保持在從容呼吸一口氣以內，大約十個字為宜。
6. 在接下來的幾天，你可以調整或修改你的禱文，讓它更貼切表達你心中的渴望。
7. 常常在活動中用這個禱文禱告，不只是以口唸誦，更是出自心靈深處。不要經常改變禱文，要持之以恆地操練，讓聖靈將這個禱文深植在你心中。

以下列出活動中的禱文的範例，供你參考：

「主啊，請說，僕人敬聽。」
「主啊，煉淨我。」
「主啊，引導我。」
「主啊，釋放我。」
「主啊，吸引我。」
「父啊，憑祢意行。」
「父啊，教導我溫柔（謙卑）。」
「主耶穌，我愛祢。」
「主耶穌，憐憫我。」
「主耶穌，醫治我。」
「主耶穌，幫助我。」
「聖靈啊，賜我喜樂的靈。」
「聖靈啊，潔淨我。」

這些禱文出於我們心中的渴望，卻不是自我中心的禱告，因為我們所求的都反映上帝的道，合乎上帝的旨意。[6]

歸心祈禱的延伸

歸心祈禱是在「內屋裏」的禱告，活動中的禱告則是在「內屋外」的禱告，是歸心祈禱的延伸。

蓋恩夫人說，所有的靈性操練都是要預備我們進入最終極的目標——與上帝聯合。[7] 在活動中以一句簡短的禱文不住禱告，幫助我們在忙碌中與上帝保持聯繫，不離開祂，不會如艾克哈特所說的，「出門散步去了」。我們若持之以恆操練活動中的禱告，內心會有更大的空處給上帝，我們更能享受與祂的親密關係，內心也更平安。而在歸心祈禱中經歷到上帝的同在，會隨著我們操練活動中的禱告，延伸到我們的日常生活中，使我們在地上真實經歷「與上帝同行共話」，預備我們達到與上帝聯合的最終極目標。

結語

愛上帝、愛人

主耶穌留給我們的大誡命是：「你要盡心、盡性、盡意愛主——你的上帝。這是誡命中的第一，且是最大的。其次也相倣，就是要愛人如己。」（太二十二 37～39）第一且最大的誡命就是愛上帝；第二是愛人。

從福音書中，我們看見人子耶穌遵守祂自己所頒佈的大誡命。路加福音五章 15 至 16 節記載：「但耶穌的名聲越發傳揚出去。有極多的人聚集來聽道，也指望醫治他們的病。耶穌卻退到曠野去禱告。」無論人的需要多麼急迫，耶穌視與天父親密相交為最重要的事，祂先滿足天父的心，才來滿足人的需要。此外，耶穌設立十二個門徒時，也表達了祂重視門徒與祂的關係，甚於他們所做的事工。祂首先「要他們常和自己同在」，其次「也要差他們去傳道，並給他們權柄趕鬼」(可三 14～15)。「與主同在」(與主的關係)在先，傳道、趕鬼(對人的服事)在後。所以，門徒的第一優先是與主耶穌建立親密關係，對人的服事則是第二優先。

「第二」或「次要」，並不是不重要。愛人、服事人、幫助有需要的人都很重要，它們的重要性僅次於與上帝建立關係。耶穌的教導是，作為事奉上帝、服事人的人，我們首先必須看重的是，自己與上帝的親密關係。「你們親近上帝，上帝就必親近你們。」(雅四 8)當我們親近上帝，我們就經歷上帝的愛，使我們能以祂的愛來服事人。這就是為甚麼我們所有的事奉與服事，都建基於我們與上帝的關係。

在歸心祈禱中，我們培養與上帝的親密關係。歸心祈禱是純信心的祈禱，我們向那位看不見的三一上帝敞開，並降服於祂。主耶穌說：「有了我的命令又遵守的，這人就是愛我的⋯⋯人若愛我，就必遵守我的道；我父也必愛他⋯⋯」(約十四 21～23)順服於主、降服於主的人，就是愛祂的，也是蒙父所愛的。在歸心祈禱的過程中，我們降服於上帝的屬靈肌肉不斷地被鍛煉，我們以降服向那位看不見的上帝表達我們的愛。每一次的降服就等於是向主說：「主啊，我愛祢！」

規律地操練歸心祈禱，使我們確知我們的屬靈身分——我們是上帝的兒女，我們是歸屬於天父上帝的。我規律地操練歸心祈禱將近二十九年。在這些年間，上帝內住我心中、時刻與我同在的意識愈來愈深刻。我知道祂在我裏面，我也在祂裏面。我知道我「或活或死總是主的人」(羅十四 8)。我深深相信在默想以賽亞書四十三章 1 至 4 節時，天父對我說的話：「你不要害怕！……我曾提你的名召你，你是屬我的。……我看你為寶為尊……我愛你。」我是屬於祂的，祂——全能的上帝——是我的父親，我是祂所愛的女兒。這樣的歸屬感使我不怕兇惡的信息，使我能放心地生活，並帶我進入基督裏的安息。

歸心祈禱是「接受」的禱告。我們在祈禱中接受臨在我們心中的上帝和祂的作為。祈禱中「接受」的心態，在我們內裏孕育降服於主的性情。祈禱中「接受」的心態，也使我們能在日常生活中自然地敞開自己，去接受上帝所賜與的每一件事，以及祂所容許臨到我們的每一個境遇。我們相信，無所不在的上帝臨在於每一個事件中、每一個境遇中。因此，我們不只在祈禱中，也會在日常生活中，接受上帝和祂所容許的事件、境遇，活出降服的生命。

持續規律地操練歸心祈禱，會為我們帶來生命的轉化。我們愈來愈能以新的眼光看世界、自己、別人、萬物與萬事。我們愈來愈能擁抱每一個事件、每一個境遇，以及臨在當中的上帝——慈愛的阿爸天父。基廷稱這樣的改變為「意識結構的轉化」，保羅則稱之為「心意更新而變化」(羅十二2)。對我而言，這個生命的轉化之工還在進行中，卻已使我愈來愈能擁抱我的人生，享受在基督裏的安息，其深度是我不曾經歷的。它也就是主耶穌在一九九〇年三月邀請我來得的甜美的安息。

歸心祈禱有如一道旋轉門，它是入口，也是出口。我們從這道門進去與上帝親密相交，在愛中與祂共融。再從這道門出來，帶著祂的愛去服事人；我們以愛服事人，來自我們與上帝愛的關係。

願我們持續規律地操練歸心祈禱，使我們的人生成為一趟與上帝親密之旅，我們也成為愛上帝、愛人的人。

最後我要以富高神父(Charles de Foucauld)的〈降服的祈禱〉("Prayer of Abandonment")，獻給我愛的上帝與所有的讀者：

父，我把自己交給祢，

求祢在我身上
實現祢的旨意。
不論祢要怎麼做，
我都感謝祢；
我已準備好面對一切，我接受一切。
只願祢的旨意成就在
我和祢所有的受造之物身上——
我的主啊，除此以外我別無所願。

我將我的靈魂交在祢手裏，
我以我全心的愛將它獻給祢，
因為主我愛祢，
我需要將自己獻給祢，
毫無保留地，
以無比的信心，
將自己交在祢手裏，
因為祢是我的父。

註釋

推薦序二

1 Whalen, PJ, Rauch, SL, Etcoff, NL, McInerney, SC, Lee, MB & Jenike, MA. (1988) Masked Presentations of Emotional Facial Expressions Modulate Amygdala Activity without Explicit Knowledge. *Journal of Neuroscience*. 18 (1): 411~418.

導言「到我這裏來」：歸心祈禱與我

1 Father El-Meskeen (Matthew the Poor), *Orthodox Prayer Life: The Interior Way* (Crestwood, New York: St Vladimir's Seminary Press, 2003), 40.
2 譚沛泉：《夢與生命轉化》（香港：道風山基督教叢林，2009），頁 82。

1 歸心祈禱與默觀

1 唐佑之：《在神面前——靈性生活的操練》（香港：浸信會出版社〔國際〕有限公司，2001），頁 17。
2 譚沛泉：《基督徒靜觀靈修》（香港：基督教靜觀靈修協會有限公司，2014），頁 17。
3 譚沛泉：《平凡生活與靈修》，第三版（香港：道風山基督教叢林，2006），頁 111。
4 大德蘭（Teresa of Avila）是十六世紀西班牙的女聖徒，她晚年的著作

《聖女大德蘭的靈心城堡》(*The Interior Castle*；或譯《七寶樓臺》)是她最重要的作品，也是歷久彌新、膾炙人口的靈修經典。

5 大德蘭：《聖女大德蘭的靈心城堡》，加爾默羅聖衣會譯(台北：星火文化有限公司，2013)，頁 255。

6 大德蘭：《聖女大德蘭的靈心城堡》，頁 254。

7 Thomas Keating, *Open Mind, Open Heart: The Contemplative Dimension of the Gospel*, 20th Anniversary Edition (New York: Continuum, 2006), 149.

8 唐佑之：《在神面前》，頁 99。

9 潘寧頓(M. Basil Pennington)：《神妙的歸心祈禱：基督徒祈禱的古法更新》(*Centering Prayer: Renewing an Ancient Christian Prayer Form*)，姚翰譯(台北：上智文化事業，1999)，頁 106。

10 David Frenette, *The Path of Centering Prayer: Deepening Your Experience of God* (Boulder, Colorado: Sounds True, 2012), 4.

11 譯自 Frenette, *The Path of Centering Prayer*, 5。

12 Thomas Keating, *Intimacy With God: An Introduction to Centering Prayer* (New York: The Crossroad Publishing Company, 2009), 122~123.

13 譯自 *The Cloud of Unknowing and the Book of Privy Counseling*, ed. William Johnston (New York: Image Books, 1973), 50。另有中文譯本《不知之雲》，鄭聖冲譯(台北：光啟文化事業，2004)，頁 22。

14 參考未出版的講義：Charles Cummings, *Formation in Christian Contemplative Prayer* (Hong Kong: Tao Fong Shan Christian Centre, 2006), 9~10。

15 譯自 Martin Laird, *Into the Silent Land: A Guide to the Christian Practice of Contemplation* (New York: Oxford University Press, 2006), 49。

2 歸心祈禱的發展

1 Cynthia Bourgeault, *Centering Prayer and Inner Awakening* (Cambridge, MA: Cowley Publications, 2004), 56.

2 譯自 "Renowned Monk Defends 'Centering Prayer,' " Interview with William Meninger, January 2012 e-news from Contemplative Outreach。

3 潘寧頓：《神妙的歸心祈禱》，頁 52。

4 潘寧頓：《神妙的歸心祈禱》，頁 15～17。

5 潘寧頓：《神妙的歸心祈禱》，頁 17～19。

6 潘寧頓：《神妙的歸心祈禱》，頁 30～31。

7 潘寧頓：《神妙的歸心祈禱》，頁 31～32。

8 這兩位靈修導師是瑪莉．默羅曹斯基（Mary Mrozowski）和大衛．弗雷納德（David Frenette）。

9 Bourgeault, *Centering Prayer and Inner Awakening*, 92.

10 Bourgeault, *Centering Prayer and Inner Awakening*, 92.

11 Keating, *Intimacy with God*, 18.

12 Bourgeault, *Centering Prayer and Inner Awakening*, 93.

13 譯自 J. David Muyskens, "Protestant Barriers to Contemplative Prayer," *Contemplative Outreach News* 28, no. 1 (Dec. 2011): 6~8。

14 多默．基廷（Thomas Keating）：《基督徒的默觀之路》（*Invitation to Love: The Way of Christian Contemplation*），左婉薇譯（台北：上智文化事業，2011）；多默．基廷：《划向深處：穿越信仰的低潮》（*Crisis of Faith, Crisis of Love*），上智文化事業譯（台北：上智文化事業，2016）；多默．基廷：《敞開心靈》（*Open Mind, Open Heart: The Contemplative Dimension of the Gospel*），胡茉玲譯（台北：上智文化事業，2017）。

15 大衛．邁思勤（J. David Muyskens）：《歸心祈禱的操練——與上帝親密同行 40 天》（*Forty Days to a Closer Walk with God: The Practice of Centering Prayer*），陳群英譯（香港：基道出版社，2010）；大衛．邁思勤：《歸心祈禱的操練 2——更深地與上帝同行 40 天》（*Sacred Breath: 40 Days of Centering Prayer*），邱其玉譯（香港：基道出版社，2017）。

16 J. David Muyskens, *Forty Days to a Closer Walk with God: The Practice of Centering Prayer* (Nashville, TN: Upper Room Books, 2006), 119~120；中文譯本參邁思勤：《歸心祈禱的操練》，頁 168～169。

3 歸心祈禱入門

1 潘寧頓：《神妙的歸心祈禱》，頁 52。

2 Keating, *Intimacy with God*, 15~16.

3 Keating, *Intimacy with God*, 36.

4 《不知之雲》，頁 31。

5 *The Cloud of Unknowing*, 56.

6 Keating, *Open Mind, Open Heart*, 177~178; Keating, *Intimacy with God*, 16.

7 參考 Keating, *Open Mind, Open Heart*, 177~179，以及張琴惠：〈歸心祈禱——一條轉化生命之路〉，《中台院訊》第 203 期（2012 年）頁 7。

8 魏悌香：《簡易默想法——心靈的體操》（台北：長頸鹿文化有限公司，1999），頁 92～110。

9 袁蕙文：《京都靈旅》（香港：浸信會出版社，2011），頁 34。

10 Thomas Keating, "Resting in God's Presence," *Contemplative Outreach News* 12, no.1 (Spring, 1998).

11 *The Cloud of Unknowing*, 44.

12 Bourgeault, *Centering Prayer and Inner Awakening*, 5.

4 禱語

1 Diogenes Allen, *Spiritual Theology: The Theology of Yesterday for Spiritual Help Today* (Cambridge, MA: Cowley Publication, 1997), 65~66.

2 Peter Traben Haas, *A Beautiful Prayer: Answering Common Misperceptions about Centering Prayer* (Austin, TX: A Contemplative Christians Com Publication, 2015), 37.

3 關於禱語和其他神聖記號，可參考 Keating, *Open Mind, Open Heart*, Chapter 3 和 Keating, *Intimacy with God*, Chapters 2 and 3。

4 Laird, *Into the Silent Land*, 50~51.

5 譯自 Keating, *Open Mind, Open Heart*, 49, 121。

6 Keating, *Open Mind, Open Heart*, 179.

7 大德蘭：《聖女大德蘭的靈心城堡》，頁 111。

8 Keating, *Open Mind, Open Heart*, 178.

9 Frenette, *The Path of Centering Prayer*, 35~36.

5 穿梭不息的思想

1 潘寧頓在《神妙的歸心祈禱》第六章（頁 95～102），以及基廷在 *Open Mind, Open Heart* 第四至六章（頁 43～94），對祈禱中常出現的思想有詳細的教導。

2 Henri J. M. Nouwen, *Making All Things New: An Invitation to the Spiritual Life* (Dublin: Gill and Macmillan, 1982), 73.

3 潘寧頓：《神妙的歸心祈禱》，頁 68。

4 Bourgeault, *Centering Prayer and Inner Awakening*, 37.

5 譯自 Keating, *Open Mind, Open Heart*, 79。

6 Keating, *Open Mind, Open Heart*, 104.

7 理查・羅爾（Richard Rohr）：《默觀，看見生命的實相》（*Everything Belongs: The Gift of Contemplative Prayer*）（台北：啟示出版社，2012），頁 76。

8 Keating, *Open Mind, Open Heart*, 88.

9 潘寧頓：《神妙的歸心祈禱》，頁 101～102。

10 Thomas Keating, "Centering Prayer and Resting in God," *Contemplative Outreach News* 29, no. 1 (Dec. 2012): 1.

6 聖言心禱

1 Keating, *Intimacy with God*, 47.

2 M. Robert Mulholland Jr., *Shaped by the Word* (Nashville: Upper Room Books, 2004), 49~61.

3 M. Basil Pennington, *Lectio Divina: Renewing the Ancient Practice of Praying the Scriptures* (New York: Crossroad Publishing Company, 1998), xi.

4 Thelma Hall, *Too Deep for Words: Rediscovering Lectio Divina* (Mahwah, NJ: Paulist Press, 1988), 36~55.

5 Pennington, *Lectio Divina*, 57.

6 喬絲・何桂特（Joyce Huggett）：《躍入汪洋大海中——聽主微聲的藝術》（*Listening to God*），陳綏譯（台北：校園出版社，1993），頁 157。

7　參考唐佑之：《在神面前》，頁 44。

8　王志學：《經歷神——退修默想導引》（香港：基道出版社，1993），頁 58。

9　參考 Cynthia Bourgeault, *The Wisdom Jesus: Transforming Heart and Mind — A New Perspective on Christ and His Message* (Boston: Shambhala, 2008), 156~158。

10　在邁思勤的著作《歸心祈禱的操練》與《歸心祈禱的操練 2》兩本書中每一天的操練，都有聖言心禱的建議經文。

11　王志學：《經歷神》，頁 2。

12　Thomas Keating, *The Heart of the World: An Introduction to Contemplative Christianity* (New York: Crossroad, 2008), 47~49.

7　歸心祈禱的果子

1　Carl J. Arico, *A Taste of Silence: Centering Prayer and the Contemplative Journey* (Brooklyn: Lantern Books, 2015), 172.

2　譯自 Keating, *Open Mind, Open Heart*, 96。

3　Keating, *Open Mind, Open Heart*, 97.

4　王志學：《經歷神》，頁 166。

5　Keating, *Open Mind, Open Heart*, 60.

6　Teresa of Avila, *Complete Works Saint Teresa of Avila Vol 2*, ed. and trans. Allison E. Peers（New York: Burns & Oates, 2002）, 406.

7　Muyskens, *Forty Days to a Closer Walk with God*, 108；中文版參邁思勤：《歸心祈禱的操練》，頁 157。

8　Bourgeault, *Centering Prayer and Inner Awakening*, 122.

9　蓋恩夫人（Madame Jeanne Guyon）：《更深經歷耶穌基督》（*Experiencing the Depths of Jesus Christ*）（香港：福音證主協會，2002），頁 55。

10　Arico, *A Taste of Silence*, 176.

8　培育內在的靜默

1　唐佑之：《詩中之詩第八集：禮拜詩》（香港：香港浸信會神學院，

2003），頁 198。

2 譯自 Henri J. M. Nouwen, *The Way of the Heart: Desert Spirituality and the Contemporary Ministry*（San Francisco: HarperSanFrancisco, 1991), 50~52。

3 Nouwen, *The Way of the Heart*, 50.

4 Nouwen, *Making All Things New*, 67.

5 蓋恩夫人：《更深經歷耶穌基督》，頁 68。

6 唐佑之：《在神面前》，頁 136。

7 Bourgeault, *Centering Prayer and Inner Awakening*, 9.

8 Bourgeault, *Centering Prayer and Inner Awakening*, 9.

9 Keating, *Intimacy with God*, 25, 29~30, 196. 根據基廷的定義，真我是按著上帝的形像被造的我。

10 Bourgeault, *Centering Prayer and Inner Awakening*, 10~12.

11 Bourgeault, *Centering Prayer and Inner Awakening*, 12~13.

12 Bourgeault, *Centering Prayer and Inner Awakening*, 14~15.

13 請聽耶穌的話：「有了我的命令又遵守的，這人就是愛我的……人若愛我，就必遵守我的道……」（約十四 21、23）

14 Arico, *A Taste of Silence*, 157.

9 踏上屬靈的旅途

1 邁思勤：《歸心祈禱的操練 2》，頁 93、95。

2 Father El-Meskeen, *Orthodox Prayer Life*, 103.

3 El-Meskeen, *Orthodox Prayer Life*, 107.

4 El-Meskeen, *Orthodox Prayer Life*, 107.

5 Thomas Keating, *Invitation to Love: The Way of Christian Contemplation* (Rockport, Massachusetts: Element Books, 1992), 6.

6 Thomas Keating, *Crisis of Faith, Crisis of Love* (New York: Continuum, 1996), 96~97.

7 Bourgeault, *Centering Prayer and Inner Awakening*, 103.

8 Thomas Merton, *New Seeds of Contemplation* (New York: New Directions, 1961), 34.

9 Arico, *A Taste of Silence*, 167.

10 譚沛泉：《靜觀靈修與生命成長》（香港：基督教靜觀靈修學會有限公司，2016），頁 121、123。

11 Susan Muto, *Blessings That Make Us Be: A Formative Approach to Living the Beatitudes* (Pittsburgh, PA: Epiphany Books, 2002), 53.

12 Arico, *A Taste of Silence*, 157.

13 Bourgeault, *Centering Prayer and Inner Awakening*, 103, 105.

14 Keating, *Intimacy with God*, 40, 42.

15 Keating, *Intimacy with God*, 37~51.

16 Keating, *Intimacy with God*, 46.

17 Keating, *Intimacy With God*, 46.

18 Keating, *Intimacy with God*, viii~ix.

19 John A. Sanford, *Dreams: God's Forgotten Language* (San Francisco: Harper & Row Publishers, 1989), 176.

20 John A. Sanford, *Healing and Wholeness* (New York: Paulist Press, 1977), 150.

21 譚沛泉：《基督徒靜觀靈修》，頁 11。

22 Keating, *Invitation to Love*, 5.

10 孕育默觀的心態

1 Frenette, *The Path of Centering Prayer*, 117~210.

2 Frenette, *The Path of Centering Prayer*, 155.

3 Frenette, *The Path of Centering Prayer*, 155.

4 Frenette, *The Path of Centering Prayer*, 157.

5 Frenette, *The Path of Centering Prayer*, 165.

6 Bourgeault, *Centering Prayer and Inner Awakening*, 45.

7 何傑：〈修院——另類空間的呼喚〉，《靈深一席談》第六期（2010 年 3 月），頁 5。

8 Cynthia Bourgeault, *The Heart of Centering Prayer: Nondual Christianity in Theory and Practice* (Boulder, Colorado: Shambhala, 2016), 34.

9 Frenette, *The Path of Centering Prayer*, 164.

10 Frenette, *The Path of Centering Prayer*, 169.

11 Frenette, *The Path of Centering Prayer*, 187.

12 譯自 Frenette, *The Path of Centering Prayer*, 108。

13 譯自 Frenette, *The Path of Centering Prayer*, 109。

14 譯自 Ruth Burrows, *To Believe in Jesus*, Kindle loc. 128。

11 歸心祈禱與靈恩

1 溫偉耀：《追求屬靈的得與失：評基督宗教靈修學四大傳統的優點與危機》（香港：基督教卓越使團，1998），頁 131～135。

2 麥拉倫（Brian McLaren）：〈靈恩與默觀〉，《校園雜誌》，5、6 月號（2008 年），頁 21。

3 麥拉倫：〈靈恩與默觀〉，頁 21。

4 Keating, *Open Mind, Open Heart*, 77.

12 活動中的禱告

1 譯自 Nouwen, *The Way of the Heart*, 80。

2 傅士德（Richard J. Foster）：《禱告真諦 —— 尋找心靈真正歸宿》（*Prayer: Finding the Heart's True Home*），周天和譯（香港：基道出版社，1993），頁 156。

3 傅士德：《禱告真諦》，頁 160。

4 唐佑之：《在神面前》，頁 97。

5 譯自 Frank C. Laubach, *Letters by a Modern Mystic* (Colorado Springs: Purposeful Design Publications, 2007), 29。

6 傅士德：《禱告真諦》，頁 156。

7 蓋恩夫人：《更深經歷耶穌基督》，頁 115～116。

小組材料

導言「到我這裏來」: 歸心祈禱與我

主耶穌透過作者向你發出請柬：「到我這裏來。」這是靈命進深的邀請，要藉著歸心祈禱成為聖靈的工具，帶領你與上帝親密同行。你的回應是甚麼？

I 歸心祈禱與默觀

1. 甚麼是默觀？
2. 默觀的主軸是甚麼？
3. 歸心祈禱是默觀的預備。但我們操練歸心祈禱時，卻不設立任何目標。請問，我們應該有的態度是甚麼？

☆ 小組討論後，請以十分鐘的靜默作結束。

2 歸心祈禱的發展

1. 請說明「歸心祈禱」這個名稱的由來。
2. 根據教會歷史的記載，以及操練歸心祈禱的基督徒的經歷，為甚麼由天主教修士所創始的歸心祈禱，並不是專屬天主教的祈禱，而是屬於所有基督徒的祈禱？
3. 歸心祈禱創始之時，只是單純的靈修方法，與心理學毫無牽連。今天它卻被視為一個兼顧靈性與心理成長的祈禱法。這個祈禱法的特色是甚麼？

☆ 小組討論後，請以十分鐘的靜默作結束。

3 歸心祈禱入門

1. 甚麼是歸心祈禱？
2. 歸心祈禱的神學基礎是甚麼？
3. 操練歸心祈禱時，需要謹記的三個要點是甚麼？

☆ 小組討論後，請以十五分鐘的歸心祈禱作結束。

4 禱語

1. 禱語最主要的功用是甚麼？
2. 在歸心祈禱中，我們惟一要做的事是甚麼？

3. 本章教導我們，不是一有思想就需要回到禱語。在甚麼情況之下，我們才需要回到禱語呢？

☆ 小組討論後，請以十五分鐘的歸心祈禱作結束。

5 穿梭不息的思想

1. 第二種和第五種思想都是充滿情緒的。這兩種思想最主要的差別在哪裏？
2. 對這五種由意識之河漂過來的思想，最好的回應之道是甚麼？
3. 「歸心祈禱是無止境的捨己操練。」請分享你對這句話的體會。

☆ 小組討論後，請以二十分鐘的歸心祈禱作結束。

6 聖言心禱

1. 為甚麼「得資訊」的讀經法與「得塑造」的讀經法，對基督徒靈性生命的成長，都是必須的？
2. 操練聖言心禱時，你應該有甚麼樣的態度與渴望？
3. 你如何得知默想時所聽到的信息真是來自聖靈，而不是自我暗示？

4. 請分享你如何將在默想中得到的上帝的話語帶入生活中。

☆ 小組討論後，請以二十分鐘的歸心祈禱作結束。

7 歸心祈禱的果子

1. 為甚麼我們不要在歸心祈禱中尋找果子？
2. 請分享你現在對事物的看法、對日常發生的事件的回應，與從前有何不同或改變。
3. 蓋恩夫人所說的「歸向神的定律」指的是甚麼？請分享你的體會。

☆ 小組討論後，請以二十分鐘的歸心祈禱作結束。

8 培育內在的靜默

1. 請分享「外在的靜默」如何幫助你培育「內在的靜默」。
2. 請用你自己的話語表達，活在一般意識層面的人與活在屬靈意識層面的人有何不同。
3. 甚麼是「靈性的覺醒」？請分享你個人靈性覺醒的經歷。

☆ 小組討論後，請以二十分鐘的歸心祈禱作結束。

9 踏上屬靈的旅途

1. 心理治療與神性治療有甚麼差別？
2. 規律操練歸心祈禱會帶來安息、煉淨、醫治或轉化。請分享你的經歷。
3. 在歸心祈禱的過程中，當你有充滿情緒的思想時，你如何分辨它是否來自潛意識？
4. 本章提到，雖然在世上我們與上帝的聯合不是永久性的，但我們可以培養與上帝聯合的意識。請分享操練歸心祈禱如何幫助你培養與上帝聯合的意識。

☆ 小組討論後，請以二十分鐘的歸心祈禱作結束。

10 孕育默觀的心態

1. 歸心祈禱如何孕育單純和覺醒的心態？
2. 溫柔與不費力的心態如何影響著我們與上帝、與人、與自己的關係？
3. 放下與容許的心態如何使我們從執著中得釋放，而降服於基督？

4. 擁抱與被擁抱的默觀心態如何深化我們的信心？

☆ 小組討論後，請以二十分鐘的歸心祈禱作結束。

11 歸心祈禱與靈恩

1. 歸心祈禱的操練如何幫助你在平淡的生活中，經歷耶穌的同在？
2. 為甚麼方言的恩賜可預備靈恩派的信徒進入靜默的歸心祈禱？
3. 請分享規律地操練歸心祈禱，在哪些方面幫助你的屬靈生命更平衡地發展。

☆ 小組討論後，請以二十分鐘的歸心祈禱作結束。

12 活動中的禱告

1. 操練活動中的禱告，最主要目的是甚麼？
2. 多馬・祈里說，「活動中的禱告是不拿取時間，卻佔據了我們全部的時間」。請分享你的體會。
3. 為甚麼活動中的禱文是出於我們內心的渴望，卻不是自我中心的禱告？

☆ 小組討論後，請以二十分鐘的歸心祈禱作結束。